中公新書 2811

南川文里著

アファーマティブ・アクション

平等への切り札か、逆差別か

中央公論新社刊

はじめに

「アファーマティブ・アクション」という言葉を聞いたことがあるだろうか。差別のない社会、平等な社会を実現するための取り組みの一つとして、近年では高校教科書でも取り上げられている。アファーマティブ・アクションとは、人種、民族、ジェンダー、階級、障害などの理由によって、不利な立場にいる人びとを支援する「積極的な措置（affirmative action）」を指している。世界各国で、国家政策から企業・学校レベルでの取り組みまで、さまざまな施策が行われている。

人種による差別の禁止は、現代の市民社会で共有される根本的なルールの一つである。近代以降の世界は、ヨーロッパ勢力によるアジア、アフリカ、アメリカ大陸への植民地支配、奴隷制や強制労働などによる搾取、移民・外国人労働力の活用など、人種やエスニシティ（民族）にもとづく「異なる扱い」、すなわち差別を組み込んで成立してきた。そして、第二次世界大戦以降、人種差別を克服して「平等な扱い」を追求することが人類社会に共通の使命となった。「平等な社会」「差別のない社会」を求めて、私たちは試行錯誤を繰り返している。

アファーマティブ・アクションは、「差別のない社会」を追求する取り組みの一つである。たとえば、さまざまな人種が共存するアメリカ合衆国では、人種にもとづくアファーマティブ・アクションとして、次のようなものが知られている。

①政府の公共事業を請け負う建設業者に、伝統的に白人が多かった技能職の分野で黒人を雇用するための数値目標を提出させ、目標の達成を求める。
②医科大学院の入学者選抜で、定員のうちの一定数を非白人の志願者を入学させるための特別枠として設定する。
③難関大学の入学者選抜の際に、高校の成績、統一テストの成績、出身地域、親の所得・学歴などとあわせて志願者の人種を考慮する。

高度な技能職、医師や法律家になるための専門職教育、難関エリート大学への進学など、過去には白人が独占していた分野では、黒人などの人種マイノリティの進出を支援するための措置が導入された。その支援の幅としては、あらかじめ枠や数値を設定するものから、選抜時に部分的に考慮されるものまでさまざまだ。ただ、これらに共通しているのは、人種による「異なる扱い」を含んでいることだ。なぜ、「平等な扱い」を追求する時代に、このような「異なる扱い」が受け入れられているのか。

アファーマティブ・アクションは、一九六〇年代に世界に先んじてアメリカで始まった。当時、黒人などの人種マイノリティは、数百年にわたる差別のもとで劣悪な環境に置かれ続け、大学進学や安定した仕事につくのはあまりにも困難だった。そこで、白人が独占していた技能職や専門職へのマイノリティの進出を促すために、数値目標の義務化（前頁①）や特別枠の設置（②）が導入され、多くの非白人にその機会が開かれた。また、③のように、成績、出身地域、社会経済的背景などの要素と並んで人種を入学者選抜の材料の一つとするタイプのアファーマティブ・アクションもある。人種による「異なる扱い」をどのレベルまで認めるかという点においては、①②よりも穏健な取り組みといえる。

ところが、①②③のいずれも、差別を是正するためとはいえ、人種による「異なる扱い」を許していることが疑問視されるようになった。個人の能力や適性よりも人種という属性を優先しているのではないか。差別の解消という名目で、白人などのマジョリティを差別しているのではないか。属性にもとづくマイノリティの「優遇」は、個人の自由と平等を追求してきたアメリカの理想に反するのではないか。結局、①や②の措置は、厳しい批判を呼び込み、次々と実施が困難になってしまった。

そして、二〇二三年六月二九日に、③のような穏健なアファーマティブ・アクションも、連邦最高裁判所によって憲法違反と判断された。アメリカの各メディアは、この最高裁判決を「アファーマティブ・アクションの終焉《しゅうえん》」という見出しで伝えた。雑誌『ニューヨーカー』は、「アファーマティブ・アクション（一九六一～二〇二三）」という追悼記事のスタイルで、一九六〇年代に成立してから現代にいたるまでの取り組みを振り返った。一つの時代が、終わりを迎えたのである。

その半世紀以上にわたる歩みは、アメリカが人種と不平等という難題と、どのように格闘してきたのかを物語っている。過去の人種差別が作り出した不平等をどのように是正するのか。「平等な扱い」を求める世界で、人種による「異なる扱い」を含むアファーマティブ・アクションという実験的で論争的な試みがなぜ必要とされたのか。それは、どのように継続してきたのか。そして、その「終焉」は、何を意味しているのか。平等な世界が到来したことを示唆しているのか。それとも不平等や差別が横行した時代への退行をあらわしているのか。

また、アファーマティブ・アクションをめぐる議論は、アメリカの国内問題に限らない。人種マイノリティや女性を対象としたアファーマティブ・アクションは、世界各地で採用されている現在進行形の施策である。とくに、政治家の女性比率を向上させるための割当を用意するクォータ制度や、公職における男女同数の実現を目標とするパリテ制度は、ジェンダー平等実現への施策として広く注目を集めている。

日本でも、ジェンダーギャップ指数で世界一二五位（二〇二三年）という現状を改善すべく、政治家や企業役員を対象としたクォータ制度の導入が熱心に議論されている。大学では、東京大学が二〇二七年度までに女性教員の比率を二五％まで引き上げると発表し、目標達成に向けた採用計画が検討されている。また、二〇二四年度の大学入試では、少なくとも四〇大学が理系学部に「女子枠」を設けた。一部の大学では外国にルーツを持つ生徒を対象とした特別入試の導入が始まっている。日本では、アファーマティブ・アクションをめぐる議論はまだ始まったばかりだ。

アファーマティブ・アクションは、人種やジェンダーによる不平等を抱えた社会において「平等な扱い」を追求する差別是正のアプローチとして、まだまだ検討する価値がある。現代の差別は、より複雑で巧妙なかたちで人びとの日常生活に組み込まれている。現代の人種差別とはどのようなもので、人種による不平等を解消するために何が必要なのか。変化を続ける人種差別と対峙《たいじ》してきたアメリカのアファーマティブ・アクションの歴史から学ぶことは多い。

本書は、アメリカでアファーマティブ・アクションという実験的で論争的な取り組みが実現したのはなぜか、それはどのように姿を変えたのか、二一世紀の今、なぜそれは「終わり」を迎えようとしているのかを、歴史的なアプローチから描くものである。アメリカ社会における差別是正に向けた葛藤をたどりながら、「アファーマティブ・アクション以後」の時代の人種平等に向けた展望を、ともに考えてみよう。

目次

第4章　いかに生き残ったのか——二一世紀の多様性革命

凡例

・本書では、「アファーマティブ・アクション」という語が連続する箇所においては、「AA」という略語を使用する。

・英語文献・資料の日本語訳については、すでに刊行されている日本語訳を参照したが、原則として著者によるものである。日本語訳がある文献は、巻末の参考文献リストに提示した。

・写真について出典の記載のないものは、パブリック・ドメインの写真データを使用した。

主要な略語一覧

AA（affirmative action）：アファーマティブ・アクション
AACE（Asian American Coalition for Education）：アジア系アメリカ人教育同盟
ACLU（American Civil Liberties Union）：アメリカ自由人権協会
ACT（American College Testing）：アメリカ大学学力試験
AFL-CIO（American Federation of Labor and Congress of Industrial Organizations）：アメリカ労働総同盟・産業別労働組合会議
AFT（American Federation of Teachers）：アメリカ教員連盟
AP（Advanced Placement）：アドバンスド・プレイスメント
BLM（Black Lives Matter）：ブラック・ライヴズ・マター
CAA（Chinese for Affirmative Action）：チャイニーズ・フォー・アファーマティブ・アクション
CAPAC（Congressional Asian Pacific American Caucus）：アジア太平洋系アメリカ人議員連盟
CCRI（California Civil Rights Initiative）：カリフォルニア公民権イニシアティブ
CIR（Center for Individual Rights）：個人の権利センター
DEI（Diversity, Equity, and Inclusion）：多様性、公平、包摂
EEOC（Equal Employment Opportunity Commission）：雇用機会均等委員会
ELC（Eligibility in the Local Context）：地域的文脈における入学適格性
HBCU（Historically Black Colleges and Universities）：歴史的黒人大学
KKK（Ku Klux Klan）：クー・クラックス・クラン
NAACP（National Association for the Advancement of Colored People）：全米黒人地位向上協会
NOW（National Organization for Women）：全米女性機構
OFCC（Office of Federal Contract Compliance）：連邦契約遵守局
PCEEO（President's Committee on Equal Employment Opportunity）：雇用機会均等に関する大統領委員会
SAT（Scholastic Aptitude Test）：大学進学適性試験
SFFA（Students for Fair Admissions）：公平な入試を求める学生の会
URM（Underrepresented Minority）：人口に比して過少なマイノリティ
WASP（White Anglo-Saxon Protestant）：白人アングロサクソン系プロテスタント

アファーマティブ・アクション

平等への切り札か、逆差別か

序章　なぜアファーマティブ・アクションが必要だったのか

1　歴史のなかで考える

メディア記事や教科書による説明

「アファーマティブ・アクション」という言葉は、日本でもカタカナ語として定着した感がある。もとの英語を直訳すれば「積極的な措置」となるであろうが、日本のメディアでは、言葉を補って「積極的差別是正措置」という日本語訳が当てられ、そこに簡単な説明が加えられることが多い。

たとえば、二〇二三年六月にアメリカ連邦最高裁が大学入試でのアファーマティブ・アクションを違憲と判断したことを伝える『読売新聞』の記事（二〇二三年六月三〇日付）では、

「教育や雇用の機会の不平等を是正するため、就職や大学入学の際に黒人やヒスパニックといった人種的少数派や女性らを優遇する措置」と説明した。また、六月二九日配信の『朝日新聞』デジタルの記事では、裁判では「入学者選抜で人種を考慮すること」の是非が検討されたと伝えている。NHKが配信した国際ニュース記事（六月三〇日付）では、AAを「不平等な待遇を受けてきた黒人など少数派の人びとに教育や雇用などの機会を積極的に与えるもの」と説明している。日本メディアは、積極的差別是正措置という表現は共有しつつも、その具体的な説明としては「優遇措置」、「人種を考慮すること」、「機会を与えるもの」など、多少の幅があるようだ。

アファーマティブ・アクションは、日本の教科書でも取り上げられている。二〇二二年度から新たに高等学校教育に導入された社会科科目「公共」の教科書の一つでは、「貧富の差などを解消すべく国が介入して平等を実現する」ための、「マイノリティを優遇する」措置の一つとして説明されている。この教科書では、その例として、「女性議員の枠をあらかじめ確保するクオータ制」を挙げ、「肯定的な意見」と「否定的な意見」の両方をディベート形式で取り上げている（『公共』帝国書院、二〇二三年）。高校教科書では、日本国内の関心を反映して、政治におけるジェンダー・クオータや大学入試における「女子枠」が取り上げられているが、アメリカのAAについての解説も含まれている。ある教科書では、過去には

「女性や黒人の大学受験者に対して、優遇枠を設けたり、結果に加点する」例があったが、「近年は下火になりつつある」と指摘されている（『公共』教育図書、二〇二三年）。

「公共」教科書でディベート形式の題材として取り上げられているように、アファーマティブ・アクションへの関心は、もっぱら取り組みの賛否に集中する傾向がある。AAの賛成論、反対論それぞれに正当とされる根拠があり、その賛否を考えることで背景にある社会観や権利観、そして人間観の違いを考えることができるのが、その理由だろう。

雇用・昇進や大学入学者選抜の際に人種やジェンダーを判断材料とすることの是非、不平等の是正に国家が「積極的に」介入することの是非、差別や不平等を是正するという名目で白人や男性などの多数派がその属性によって「逆差別」されることの是非など、アファーマティブ・アクションについて論じることは、現代社会を成り立たせる道徳的規準を問うことに結びつく。アメリカの政治哲学者マイケル・サンデルも、ハーバード大学での講義を収録してベストセラーとなった著書『これからの「正義」の話をしよう』（二〇〇九年）で、正義、平等、公平性などのあり方をめぐる素材として、AAの是非論を取り上げている。

試行錯誤の歴史

ただし、アファーマティブ・アクションは単なる思考実験やディベートのための題材であるだけではない。それは、一九六〇年代の公民権運動後のアメリカ合衆国で導入され、半世紀以上にわたって継続してきた実際の政策でもある。それは、賛否両論を巻き込んだ論争を引き起こし、現代アメリカ政治では、リベラル派と保守派の対立をもたらすテーマの一つに挙げられている。二〇二三年にピュー・リサーチセンターが行った世論調査では、大学の入学者選抜の際に人種を考慮することに反対した人は、共和党支持者では七四%を占めたのに対し、民主党支持者では二九%にとどまった。このように、AA論争は、現実の政治対立と結びつき、現代アメリカ社会における人種問題のあり方を左右してきた。

本書は、アメリカ合衆国におけるアファーマティブ・アクションの始まりから終わりまでを、それが実施され、議論されてきた歴史的文脈のなかで描く試みである。AAをめぐる理論的・規範的な議論も、できるだけ、その文脈のなかに位置づけている。人種差別や不平等を抱えてきたアメリカという社会が、その問題を生み出した構造にどのように挑戦し、「差別のない社会」実現のために何を行ってきたのか。その一つの試行錯誤の過程を描きたい。

議論の出発点として、本章では、アファーマティブ・アクションという論争的な政策が必要とされたのはなぜかを考える。とくに、AAを積極的差別是正措置というとき、そこで是正されるべき「差別」とは何を指しているのか。「差別を是正する」とは具体的にどのような取り組みを想定しているのか。そして、積極的な措置とは一体どのようなレベルの介入を意味しているのか。これらの問いに答えることによって、AAが要請された歴史的文脈が明らかになるだろう。

なお、本書は、アファーマティブ・アクションをめぐる議論のなかでも、人種に関わる取り組みをおもな対象としている。もちろん、ジェンダー、階級、障害などによる不平等も、AAにとっては重要なテーマである。しかし、アメリカのAAが、人種政策として始まったこと、その是非を問う論争も人種をめぐる政治的な文脈に埋め込まれてきたことを考慮して、人種不平等に対するAAがどのように始まり、どのように変わってきたのかを中心に取り上げる。

2　人種差別のアメリカ史

社会の「しくみ」としての人種主義

アファーマティブ・アクションによって是正されるべきとされた差別、とくに人種差別とはいかなるものだろうか。この点について議論するためには、まず人種と人種主義が、今日どのように理解されているかを知る必要がある。

人種（race）は、一般的には肌の色、髪の毛、目の色などの身体的な特徴にもとづいた人間の分類と考えられている。しかし、今日の科学的知見によれば、それらの特徴は、集団としての知性や身体能力などの優劣とは無関係である。「白人」や「黒人」といっても、肌の色や身体的特徴には広範なグラデーションがあり、そこに人種的差異を決定する明確な境界線があるわけではない。特定の人びとを人種集団と見なす方法は、時代や政治的・社会的・文化的文脈によって変化しており、アメリカ合衆国センサス（国勢調査）でも、時代ごとに異なった人種カテゴリーが採用されてきた。人種は、人間の優劣を決定する本質的・生物学的な差異として存在しているのではなく、それぞれの社会的な関心や状況にあわせて構築されたものである。このような理論的立場は、社会構築主義と呼ばれ、現代の人文社会科学における人種研究の基本的視座となっている。

このような視座から考えれば、人種主義（racism）とは、特定の身体的特徴を持つ人びとを人種としてカテゴリー化し、その分類に応じて、社会の資源を不均等に配分する社会体制と考えることができる。人種主義は、人種を作り上げ、その人種にもとづいた不平等を制度化する社会の「しくみ」そのものなのだ。

人種主義という「しくみ」はどのように作られているのだろうか。先述したように、人種という属性にもとづく優劣に、科学的根拠はない。しかし、さまざまな社会制度のもとで、特定の身体的特徴に意味（「野蛮」「怠惰」など）が付与され、暴力の行使、搾取、不平等が正当化されてきた。

たとえば、一五世紀末のアメリカ新大陸発見以来、ヨーロッパ出身の植民者たちは、先住民の住んでいた土地を暴力的に奪い取って、植民地を建設した。その際、先住民は土地を十分に活用する能力を持たない「野蛮」「未開」の存在と見なされ、土地の正当な「所有者」と認められなかった。また、黒人奴隷を「心身両面で白人に劣った存在」と見なすことで、奴隷制のもとでの徹底的な搾取が正当化されてきた。ヨーロッパ植民地主義や奴隷制度のもとでの資本主義経済の形成と、人種という概念の登場の重なりは決して偶然ではない。特定の特徴によって人びとを分類し、分類された人種集団のあいだの支配・搾取・不平等を正当化する偏見や差別的言説が、人種主義的な社会を支えている。

奴隷制とジム・クロウ制度

そして、人種主義は、近代市民社会と併存してきた。「すべての人間は平等に作られている」とうたった独立宣言による建国後、合衆国憲法が制定されても奴隷制は維持された。それどころか、下院議員や税の配分のための州人口算出の際に「自由人以外の人数」を実数の「五分の三」で計算すると憲法に規定されたように、合衆国建国は奴隷制の存在を前提としていた。一八六五年に奴隷制が廃止され、一八六八年に「法の下の平等」を保障する憲法修正一四条が制定されたことで、元奴隷もアメリカ市民として十全な権利を保障されるはずであった。しかし、南部では、「分離すれども平等」という原則のもと、ジム・クロウ制度と呼ばれる公共施設や学校などで黒人と白人を隔離する制度が維持されてきた。黒人市民の多くは、隔離された学校で十分な教育機会を与えられないまま、底辺の労働力を供給し続けた。

このように、奴隷制や人種隔離制度のもとで、アメリカ社会には著しい人種不平等が作られてきた。ジム・クロウ制度が定着した南部から、第一次世界大戦期の労働力不足を背景に北部の大都市へと移住した黒人も、人種主義から自由にはなれなかった。住宅の売買・賃貸を特定の人種に対して制限したり、住宅ローンの貸し付けや融資から除外したりするなどのさまざまな規制によって、黒人移住者は大都市中心部の生活環境が劣悪なゲットーと呼ばれる地域に集中した。シカゴやニューヨークなど大都市もまた、人種による不平等を組み込みながら成長していた。

奴隷制もジム・クロウ制度も大都市の居住隔離も、アメリカ人種主義の多様な様式の一つであった。このような体制を支えていたのは、特定の人種集団を標的とした差別的な法制度と、日常的な暴力や偏見を組み込んだ文化や慣行であった。一九六〇年代までのアメリカでは、生活空間における隔離、人種間結婚の禁止、投票権の制限、新規移民の制限・停止などが、連邦や州の法制度によって規定されていた。そして、人種マイノリティが白人と対等な地位を求めることは白人優位の社会秩序への脅威と見なされ、マイノリティを標的としたリンチ（私刑）やクー・クラックス・クラン（KKK）のような白人優越主義団体による襲撃も許容されてきた。

このような人種主義体制に挑戦したのが公民権運動であった。とくに一九五〇年代にアメリカ南部の人種隔離制度の廃止を求めた黒人たちの運動は、差別や不平等の解消を求める全国的な運動へと発展した。その要求に応えて制定された一九六四年公民権法は、公共施設、教育、雇用における隔離や差別を禁止し、人種不平等を形づくってきた法的差別を違法化した。

ところが、一九六四年公民権法の成立後に表面化したのは、法的な差別や隔離の解消が、すぐに人種主義的な体制の解体に結びつくわけではないという過酷な現実であった。あからさまな偏見や暴力に対する規制が広がり、黒人など人種マイノリティの権利擁護の枠組が確立されたにもかかわらず、人種間の不平等は容易には改善されなかった。そこで、それまでのジム・クロウ制度を中心とした体制に代わって、新たな人種主義のかたちがクローズアップされるようになった。それは、制度的人種主義（institutional racism）と呼ばれた。

3　人種平等を妨げる厚い壁

ブラック・パワー運動が告発した制度的な差別

一九六四年公民権法の制定後、ジム・クロウ制度は解体され、人種平等に向けた大きな第一歩を踏み出したと考えられていた。しかしながら、その期待に反して、大都市部で黒人と警察との摩擦が大規模な住民反乱へと発展する事件が多発し、一九六五年八月にロサンゼルスのワッツ地区で起きた騒擾《そうじょう》事件では三四名が死亡した。各地で頻発する騒擾事件を調査するため、連邦政府は「市民的騒擾についての全米委員会（カーナー委員会）」を設置した。カーナー委員会は、住居差別などを背景に大都市中心部に形成された人種ゲットーでは、警察との摩擦、失業、不十分な住宅、貧弱な教育、地方政治の機能不全などが幾重にも重なりあっている現状を指摘した。

カーナー委員会が見出《みいだ》した課題を、ブラック・パワー運動の指導者ストークリー・カーマイケルと政治学者のチャールズ・V・ハミルトンは、制度的人種主義の問題であると論じた。二人の著書『ブラック・パワー』（一九六七年）のなかで、次のように述べている。

白人テロリストが黒人教会を爆破し、五人の黒人の子どもを殺したことは、個人的人種主義による行為といえる。この社会のほとんどの人びとは、この行為を遺憾に感じることだろう。しかし、同じアラバマ州バーミンガムの町で、毎年五〇〇人の黒人の赤ん坊が、適切な食事、シェルター、医療施設の欠如で死んでいる。さらに数千の人びとが、黒人コミュニティにおける貧困と差別ゆえに、身体的、精神的、知的に傷つけられている。これは、制度的人種主義が機能することで生じることだ。

ここで、カーマイケルとハミルトンは、「五人の子ども」を爆殺するという人種的憎悪にもとづく暴力だけでなく、「毎年五〇〇人の子ども」を死にいたらしめる制度的な欠如や「数千の人びと」を苦しめる貧困と差別もまた、人種主義の問題であるとしている。二人が制度的人種主義という問題に見出したのは、センセーショナルな差別的暴力だけでなく、数百・数千の黒人の苦難に対して、一般の人びとが「その状況を知らないかのようにふるまう」ことを可能にしてしまう社会のあり方であった。

カーマイケル＆ハミルトン著『ブラック・パワー』表紙

人種マイノリティが陥った負の連鎖

では、制度的人種主義はどのように黒人の生活を規定しているのであろうか。カーナー委員会報告にも見られるように、黒人を取り巻く状況には負の連鎖が存在してきた。黒人が多く住む地域では、教育・医療施設が整っておらず、雇用機会が欠如し、家族形成やその維持も難しい。それゆえ、「黒人であること」に自尊心を持つことができず、黒人コミュニティへの肯定的な帰属意識を持つことを難しくする。黒人のなかで成功者があらわれても、そのような人びとは人種的ゲットーからいち早く「脱出」してしまい、ゲットーの生活条件は改善されないままである。

このような負の連鎖の図式をいっそう強固にしているのが、明白に人種差別的とはいい難いが、それでも人種マイノリティを不利な環境へと追い込むメカニズムである。それは、日常のあらゆる場面に存在している。たとえば、公立学校と私立学校のあいだには、教員編成や教育プログラムの差がある。大学入試は標準テストの成績を重視し、安定した仕事を得るためには学歴や職業経験が求められる。住宅の賃貸や購入には、十分な資金と安定した雇用が必要である。犯罪の取り締まりのために犯罪多発地域が重点的に捜査される。

いずれも、マイノリティを故意に排除するために作られた制度や慣行ではない。高価な学費に見合った教育環境とカリキュラムを用意すること、成績がよい人に高度な教育機会を与えること、高い学歴や専門的知識を持つ人を雇用すること、安定した仕事や所得がある人に住宅ローンを融資すること、犯罪率の高い地域を厳しく取り締まること。それぞれは人種とは関係ない「合理的な」基準にもとづいて設定されている。そして、この過程に関わっている教員、入試担当者、雇用者、不動産業者、金融業者、警察官らは、それぞれが置かれた制度的な文脈のなかで蓄積された慣行に従っているだけで、自身の判断がいかに人種集団間の格差を再生産しているかを意識することはほとんどない。この過程に関わるアクターは、みな人種不平等の「状況を知らないかのようにふるまう」ことが可能だ。

しかし、人種マイノリティの立場から見れば、これらの制度や基準は、自分たちが人種集団として排除される過程として経験される。人種マイノリティとして生きることは、歴史的に形づくられてきた不利を背負い、一つ一つの「合理的な」判断によって、不遇から抜け出す機会を失うことの連続である。マイノリティにとっては、このような負の連鎖は、個人の努力で乗り越えることが困難な「はじめから決まっていた」道であるかのように見える。

一九六四年公民権法以降の人種不平等を形づくっているのは、人種差別的な意図や偏見に関係なく、それぞれの制度的文脈における「合理的な」判断の蓄積が特定の人種マイノリティを不利へと追い込む構造である。公民権法によって形式的な平等が保障されたとしても、これらの不利は互いに結びつき、人種間の格差を固定化してきた。ブラック・パワー運動が制度的人種主義と呼んだものは、このような人種不平等を再生産する構造であった。

統計が不平等を可視化する

積極的差別是正措置としてのアファーマティブ・アクションが要請された背景には、このような制度的人種主義の発見があった。そこでは差別をめぐる考え方の転換が生じている。一九六四年公民権法以前の差別とは、おもにジム・クロウ制度に代表されるような特定の人種集団の権利を制限する法的差別と、人種的な属性を理由として生じる個別の排除や暴力などのあからさまな差別的行為を指してきた。公民権法はこれらを違法化したが、人種マイノリティが直面する不平等を支えていたのは、このような明示的な差別だけでなく、差別的な意図をともなわなくとも人種マイノリティを不利な状況へと追い込む、暗示的かつ制度的な差別の構造であった。差別は、意図や行為の問題だけでなく、構造や制度の問題として、再定義されたのである。

制度的な差別の是正のためには、どのような取り組みが求められるのであろうか。まず、大きな問題は、個別の差別的言動や暴力とは異なり、この制度的な差別の構造が不可視であることだろう。一つ一つの場面では「合理的」とされる判断の積み重ねである以上、個々の場面で、差別的な意図や態度を見出すことは難しい。では、どうやって制度的な差別の存在を可視化するのか。

ここで、制度的人種主義という問題提起をしたカーマイケルらが、「五人の黒人の子ども」「五〇〇人の黒人の赤ん坊」「数千人の人びと」と数値に言及したことを思い起こしてほしい。制度的人種主義は、個別の場面での意図や行為よりも、その蓄積の結果としての統計的な数値としてあらわれる。人種ごとの出産後の死亡率の相違、年間所得の格差、失業率や貧困率（生活困難な貧困状態にある人の割合）、一人親家庭の割合、大学進学や学位取得を果たした者の割合などの数値を通して、人びとが制度的な差別によって、いかに「身体的、精神的、知的に傷つけられている」かを知ることができる。

たとえば、合衆国センサス局の統計によれば、一九六七年の黒人世帯の所得中央値（もっとも高い所得の世帯から低い世帯までを並べて中間の位置にある世帯の所得）は白人世帯の五八％にとどまり、同年の貧困率は白人一一％に対して黒人は三九・三％であった。黒人の貧困率は一九五九年の五五・一％からは大幅に改善していたが、それでも白人との格差は明らかである。この数値は、歴史的に蓄積してきた不平等の構造と公民権法以降にも継続した制度的人種主義によってもたらされたものと考えられた。

大統領ジョンソンの決意

統計的に可視化された制度的な差別の存在を前にしたとき、公民権運動の指導者、政治家、そして連邦機関の担当者のそれぞれが、この差別の是正のためには何らかの「積極的な」措置が必要であると考えた。

公民権運動の指導者マーティン・ルーサー・キングもその一人であった。一九六三年のバーミンガム闘争を経て発表した『黒人はなぜ待てないか』のなかで、キングは、数百年にわたる黒人の「労働の搾取に対する代償」として、「政府による特別な補償措置としての大規模プログラム」を実施すべきだと訴えた。キングの考えでは、この特別プログラムは、「不利に置かれた人びとのための権利」の一つと位置づけられる。「不利に置かれた人びとのための権利」を実現するためには、「豊かさのなかに逆説的に存在する強固な貧困を切り崩すために、社会のあらゆる資源を用いる」ことが必要であり、長期にわたって成立してきた不平等を是正するために政府が積極的に介入する「新しい時代」として、公民権運動以降の時代を見通していた。

そして、制度的な差別の是正のための新しい正義の構想をもっとも雄弁に語った政治指導者が、リンドン・B・ジョンソン大統領であった。ジョンソンは、一九六五年に歴史的黒人大学（HBCU）として知られるハワード大学で次のように語った。

しかし、自由だけではまだ十分とはいえません。（中略）長く鎖につながれた人を解放し、競争のスタートラインに立たせて、「これであなたは他のみなと自由に競争できる」ということはできません。それが完全に公平だと信じることはできません。機会の門を開けるだけではだめなのです。すべての市民が、歩いて門を通り抜ける能力を持たなくてはならないのです。これは、公民権のための次の段階の、より深遠な戦いです。私たちは自由だけでなく機会を求めます。私たちは、法律における公平さだけでなく人間としての能力を求めます。私たちは、権利としての理論上の平等だけでなく、事実としての、結果としての平等を求めています。

リンドン・B・ジョンソン大統領

演説によれば、差別とは、「鎖につながれた人びと」にとって不利な状況が組み込まれた社会構造の問題であった。「鎖につながれた人びと」は、その不利ゆえに対等な競争から疎外されている。政府が果たすべき役割は、すべての人びとが対等に競争できる「事実としての」平等の実現のために尽力することである。それは、具体的には、歴史的な差別に苦しんできた人びとが「機会の門」を「通り抜ける能力」を持てるように支援することであった。

このジョンソンの演説は、積極的差別是正措置としてのアファーマティブ・アクションが要請された時代の心性を体現している。差別の是正とは何か、そして、積極的な措置とは何か。ジョンソンにとって、構造的・歴史的に組み込まれた制度的人種主義の是正とは、人種統計によって明らかになった不平等の現実に対して、「事実として、結果としての平等」を成し遂げることであった。それは、人びとが対等な立場で競争できる条件を整え、生きるために必要な能力を養成することだった。

では、そのためには何が必要なのか。人種を理由とした隔離や雇用・サービス提供の拒否を禁止するだけでは不十分だ。有利・不利にかかわらず全員を「等しく扱う」だけでは、もともとある不平等は放置されてしまう。この演説では、それ以上に積極的な役割を果たすこと、歴史的に蓄積された不利な状況において能力を発揮できない人びとに対して積極的な支援を行うことを、連邦政府の使命として位置づけた。ここに、法律上・形式上の平等の実現にとどまってきたそれ以前の政府の役割を超える、新たな人種正義（racial justice）の実現に向けた決意を見出すことができる。

なぜ、アファーマティブ・アクションという新しい実験的な取り組みが必要とされたのか。

それは、奴隷制以来の歴史のなかで蓄積してきた人種不平等が、法的差別や差別的行為の違法化によってもなお、改善されないことが明らかになったことによる。一九六四年公民権法以降、人種不平等を維持させる制度的人種主義への問題関心が高まり、そのメカニズムを解体するための積極的な介入が必要と考えられた。制度的人種主義がもたらす人種不平等という問題は、ＡＡの是非を論じる際にもつねに立ちかえるべき、議論の出発点であった。

第1章　いかに始まったのか——連邦政府による差別是正政策

1　白人のための優遇措置の時代

人種差別政策としてのクオータ

少し時代をさかのぼりたい。飛躍的な工業化と経済成長を遂げ、世界でも有数の経済大国となった二〇世紀初頭のアメリカでは、大衆消費社会が到来する一方、ヨーロッパやアジアからの大量移民の流入に直面していた。そのような時代に、今日のアファーマティブ・アクションをめぐる議論に大きく関係することになる、一つの制度が活用されるようになった。それは「クオータ（quota）」と呼ばれる制度である。

クオータとは「割当」を意味する。クオータを用いた代表的な制度が、移民政策における国別割当制度である。一九世紀末から二〇世紀初頭までのアメリカは、前例がないほど大規模な移民を受け入れる大量移民の時代といわれていた。この時代、建国期以来の移住者の多数を占めたイギリスや西ヨーロッパ出身者に代わり、イタリア、オーストリア＝ハンガリー、ロシアなどの東・南ヨーロッパ出身者が多数を占めるようになった。その多くは、カトリックやユダヤ教など、それまで主流であったプロテスタントとは異なる宗派に属し、貧しい労働者階級として大都市周辺の工場などで働いた。大量移民の流入は、労働力として工業化を支えた一方で、これまでと異なった出自を持つ移民への反発を招いた。

移民排斥運動に直面した連邦議会は、一九二四年に、この新しい大量移民の流入を制限するために国別割当制度を導入した。これは、出身国別に年間の移民数を制限する措置で、入国可能な移民の数を、一八九〇年段階の各国出身者の人口の二%を上限として設定した。さらにアジアからの移民については、国別割当すら認めず、新規移民の受け入れを停止した。これは、建国期以来の主流を形成した白人アングロサクソン系プロテスタント（WASP）を中心とする社会秩序を守るために、新しい移民の排除をねらったものであった。東・南ヨーロッパ出身者の人口は、一八九〇年の段階ではまだ少なかったため、これらの国の出身者の年間移民割当はわずかとなった。国別のクオータの設置は、WASPと異なる文化や宗教を持つ移民を「異人種」として排除する人種差別的な制度であった。

もう一つの有名なクオータ制度が、アイビーリーグなどの名門大学が、ユダヤ系学生の入学を制限するために導入した「ユダヤ人クオータ」である。ハーバード大学では、ユダヤ系学生が急増し、一九二五年には新入生の四分の一以上を占めるようになった。学内のWASPを中心とした人種秩序が崩れることを危惧したハーバード大学は、一九二六年に入学者の選抜方法を変更して、学業成績以外の要素を考慮することでユダヤ系学生を新入生の一五%に抑え込んだ。ユダヤ系学生の数を一定の割合に限定するクオータの活用は、一九五〇年代まで継続した。

二〇世紀初頭は、アメリカ合衆国が史上類を見ない大量の移民を受け入れ、産業化や都市化による構造的な変化を経験した時代であった。人びとは、社会の変貌を社会秩序に対する脅威と考え、異質な文化を持つ移民を問題の象徴として排除しようとした。当時の人種概念では、WASPがカトリックやユダヤ系の新しい移民と「混ざりあう」ことで、アメリカの国民性や大学教育の質的な劣化が生じると考えられていた。その結果、「出身国」や「民族的背景」を理由にして、その参入を制限するクオータが、各分野で活用された。

WASP優位の社会を守るための移民政策やエリート大学でのクオータは、公民権運動の時代に人種差別的と見なされるまで続いた。多くの大学は一九六〇年までに「ユダヤ人クオータ」を廃止して、SAT（大学進学適性試験）などの統一試験や高校での成績を重視する選抜制度を導入した。また、一九六五年に制定された移民国籍法では、国別割当に代わって、技能・職業およびアメリカ市民・永住民との家族関係にもとづいて移民を受け入れる制度が確立した。このような時代潮流のなかで、個人の能力よりも属性にもとづいて制限を加えるクオータは、人種主義的・差別的な制度の代名詞と見なされるようになった。

ニューディール政策における白人優遇

クオータによる排除が定着する一方で、一九二九年に起きた大恐慌のなかで深刻化した貧困問題に対して、政府は積極的な介入を行うようになった。一九三三年に大統領に就任したフランクリン・D・ローズヴェルトによる、有名なニューディール政策である。

ニューディール政策は、大恐慌による失業者の救済、労働者の保護、公共事業の実施などで次々と成果を上げた。それは大恐慌によって仕事を失った人びとの救済にとどまらず、一方的な労働者搾取を食い止め、人びとに「人間らしい」生活を保障する福祉国家的な制度を確立させる取り組みだった。しかし、歴史学者のアイラ・カッツネルソンは、ニューディールから一九五〇年代までの福祉政策は「白人のためのアファーマティブ・アクション」であったと主張している。それは、クオータによる差別の対象とされてきたヨーロッパ出身の移民労働者とその子孫の社会統合を優先的に支援する一方で、非白人のマイノリティとの格差を固定化する取り組みであった。

ニューディールの時代は、南部諸州にはまだ人種隔離制度が残り、北部でも雇用や居住における あからさまな人種差別が続いた時期でもあった。このような時代状況では、ニューディール政策がもたらした効果は、人種によって異なっていた。たとえば、一九三三年に設立された連邦緊急救済局（ＦＥＲＡ）は、連邦政府の出資にもとづいて各州が実施主体となる失業者向けの救済プログラムを導入した。しかし、南部各州では、黒人貧困層を対象とする事業があからさまに妨害され、地方職員の裁量によって黒人を対象から外す人種差別的な慣行が横行していた。

そこで連邦政府は、地方政府を介さずに黒人を含めて直接雇用する公共開発事業の導入に力点を移した。一九三五年に設立された雇用促進局（ＷＰＡ）は、連邦直轄の公共事業を立ち上げ、多くの黒人労働者に雇用をもたらした。しかし、州ごとの賃金水準に大きな差があり、とくに南部の黒人に支払われた賃金は著しく低かった。また、一九三五年の社会保障法によって確立した社会保険や年金制度では、当時の多くの黒人が従事した農業労働や家事労働などは対象外とされたため、黒人への恩恵は限定的であった。

繁栄から取り残された人びと

アメリカの経済成長が顕著であった第二次世界大戦後の福祉政策も、白人と人種マイノリティのあいだの不平等を拡大させた。たとえば、労働者階級の社会経済的上昇のきっかけとなったといわれる一九四四年の復員兵援護法（通称GIビル）は、典型的な「白人のためのアファーマティブ・アクション」の一つだった。GIビルは、退役軍人に対する恩給の支給、大学進学時の学費支援、住宅ローンの支援などを制度化したものであった。この制度を活用して、労働者階級出身の退役軍人も、大学卒の学歴と安定した職を手に入れ、郊外に一軒家を購入することが夢ではなくなった。男性労働者は、郊外の一軒家と自動車を所有し、最新の家電で家事に従事する専業主婦の妻と子どもを養う「アメリカ的生活様式」を体現する存在となった。

しかし、GIビルの黒人への恩恵は依然として限定的であった。第二次世界大戦後も、雇用における人種差別や黒人を住宅ローンから排除する慣行は広く維持されており、教育における隔離や排除によって黒人の大学進学も困難であった。GIビルも黒人を苦しめる負の連鎖を打ち破ることはできなかった。急成長するアメリカ経済の波にのって、豊かさを享受する白人労働者層と、人種主義による負の連鎖に押し込められた黒人とのあいだの不平等は、いっそう顕著になった。

たしかに、ニューディール政策から一九六四年公民権法までの時代に実施された経済的不平等を解消する福祉プログラムは、黒人などの人種マイノリティにも、雇用機会や社会保障など、それまでになかった機会を与えるものであった。第二次世界大戦期から一九五〇年代までの時代は、製造業を中心としたアメリカ経済がもっとも成長した時代であり、その恩恵も階層を超えて広がった。しかしながら、充実した社会保障と労働者としての権利保障の対象は、その政策実施の局面において白人に限定され、ほかの人種マイノリティとのあいだの不平等を改善させるどころか、それを強化した場合もあった。ニューディール期以降の経済的不平等にアプローチする社会福祉事業は、無色透明で中立なものではなく、実質的には、貧困や失業に苦しむ白人労働者を救済する「アファーマティブ・アクション」として機能したのである。

2　アファーマティブ・アクションの誕生

ケネディの大統領命令から始まった？

ニューディール政策以降、連邦政府が採用した政策の多くは、実質的にはＷＡＳＰを優位とする人種秩序を守りながら、大量移民の時代にルーツを持つ白人労働者階級の生活基盤を安定化させる取り組みとして機能してきた。このような人種不平等に対する問題意識は、少しずつ知識人や政治指導者らに共有されるようになった。たとえば、一九三五年に黒人もメンバーとして加えた産業別労働組合会議（CIO）が設立されると、北部産業都市では、政治家に対して黒人の公民権問題に取り組むことを要求する動きが活発になった。そして、一九四四年に、スウェーデンの経済学者グンナー・ミュルダールが大著『アメリカのジレンマ』を発表して、貧困や差別に苦しむ黒人の状況が、「自由・平等・正義・公平な機会」をうたう「アメリカの信条」と矛盾していると報告した。人種問題は、良心的な知識人やリベラルな政治家のあいだで共通の課題として認識されるようになっていた。

ジョン・F・ケネディ大統領

　連邦政府は、そのような人種不正義の状況を無視できなくなった。実際、第二次世界大戦期から、連邦政府は防衛産業や政府と契約関係にある企業に対して「公平な雇用」を求めてきた。しかし、一九五〇年代までの連邦政府の取り組みは、強制力をともなったものではなく、実効性に乏しかった。南部から人種隔離や差別の廃止を求める公民権運動が広がると、連邦政府にも問題改善への根本的・実質的な取り組みを求める圧力が高まった。

　一九六一年に大統領に就任したばかりのジョン・F・ケネディは、大統領命令一〇九二五号（一九六一年三月六日発令）によって、連邦政府が雇用差別問題に取り組むことを指示した。この命令では、連邦政府と契約する機関や企業が公平な雇用を実現するための連邦政府機関として、「雇用機会均等に関する大統領委員会（PCEEO）」を設置した。PCEEOは、副大統領を委員長としたホワイトハウスが直轄する機関で、雇用差別についての調査や指導をおもな任務とした。この大統領命令には、次のような一節が含まれていた。

［連邦政府との］契約者は、応募者の雇用や被雇用者の取り扱いが、人種、信条、肌の色、出身国に関係なく行われることを保証するための積極的な措置（affirmative action）を行うものとする。

これは、連邦政策において、はじめて「アファーマティブ・アクション」という言葉が用いられたものとして知られている。この一節から、「AAはケネディ政権下で始まった」という説明は一般にも広まっている。「はじめに」で言及した『ニューヨーカー』誌での二〇二三年の「AAの終焉」記事も、その始まりを一九六一年と設定していた。

しかし、大統領命令一〇九二五号で「積極的な措置」として求められているものは、募集採用や労働条件の面で「差別をしないこと」であり、その具体的な方法や枠組についての指示があるわけではなかった。この段階では、現代において「アファーマティブ・アクション」という言葉が示唆するような、人種などの属性について特別な配慮を行うような政策、人種による「異なる扱い」を許容する政策が始まったわけではなかった。

もちろん、PCEEOの設置は、連邦政府が人種差別の問題に本格的に関与する契機となったという点では、画期的な出来事であった。PCEEOは、差別の訴えを受理して契約企業における人種に関わる雇用調査を行い、その改善を求めることを可能にした。そして何よりも、人種差別が横行する雇用問題に大統領自身が強い道徳的責務を持って関与しようとした意義は大きい。しかし、PCEEOの主要な役割は契約企業の監督で、差別是正のための措置を命令するための法的権限も、それを可能にする予算も人員も持っていなかった。雇用における人種差別の解消は、依然としてスローガンにとどまったままだった。

雇用差別解消政策の困難な船出

この状況を大きく変えたのが、ケネディ暗殺後のリンドン・B・ジョンソン政権下の連邦議会で成立した一九六四年公民権法であった。一九六四年公民権法は、公共施設の利用、教育、雇用などの分野での人種差別を禁止することで、南部諸州に広がっていた人種隔離制度を違法化した。そして、司法長官に差別の禁止や平等を憲法上の権利として守るための権限を認め、差別案件について調査する公民権委員会や雇用機会の平等を求める雇用機会均等委員会（ＥＥＯＣ）の設置を定めた。

ＥＥＯＣは、ケネディ政権下のＰＣＥＥＯの業務と課題を引き継いだものであった。ＰＣＥＥＯとの違いは、公民権法による立法上の裏付けによって、雇用差別の廃止という明確な目的と権限を持つ機関となったことだった。ほかにも、公民権法の理念の実現のために、連邦政府との契約事業での公民権法の遵守を求める連邦契約遵守局（ＯＦＣＣ）が設置された。ＯＦＣＣを管理する労働長官には、違反した契約企業に制裁や罰則を与える権限が認められた。このように、一九六四年公民権法は、これまでにない強力な権限を持って、連邦政府が雇用差別の解消に取り組むことを可能にした。

しかし、ＥＥＯＣにおける雇用差別解消の取り組みも、設立当初からさまざまな困難に直面した。まずリーダーシップをめぐる問題があった。一九六五年六月の開設時に商務次官であったフランクリン・Ｄ・ローズヴェルト・ジュニアが委員長となったが、在任一年に満たないうちに退任し、その後四ヶ月間は委員長不在のまま活動することになった。これまでにない新しいミッションに挑む組織にとって、開設時のリーダーシップの欠如は、意思決定や業務の円

雇用機会均等委員会（EEOC）の標章

滑な運営に支障をきたした。

また、予算・人員・権限の問題もすぐに表面化した。EEOCの主要な取り組みは、一般企業で生じている雇用差別の届け出を受けて、雇用者と被雇用者のあいだで差別改善のための調停を行うことだった。しかし、調停が不成立だった場合に訴訟を起こす権限を持たなかったため、その効力は限定的であった。ワシントンDCの本部のほかにも、各地方に支部を展開して、それぞれの地域的文脈をふまえた調停の実現が期待されたが、それも準備不足で機能しなかった。限定的な権限と限られた人員のもとで全国から次々と提出される差別案件を扱ったため、大量の未処理案件が発生した。開設してから最初の一年間で八八五四件の届け出を受理したが、規定どおり六日間で処理されたものは一件もなく、六ヶ月以上の遅延が三〇〇〇件以上にのぼった。業務は、明らかに混乱していた。

さらに深刻な問題となったのが、何を雇用差別とするかの判断基準が確定していなかったことである。公民権法制定以後、多くの企業が「人種に関係ない」募集、採用、昇進の方針を明らかにしていたが、それでも黒人の雇用が十分に増えたわけではなかった。黒人が雇用されない現状について、雇用者は、雇用や昇進は「能力や経験にもとづいて」行われるもので、人種差別的な意図はないと説明した。

他方では、ブラック・パワー運動が取り上げた制度的人種主義の考えに見られるように

（序章を参照）、数値にあらわれる不平等や黒人が陥った負の連鎖に積極的に介入することを求める声もあった。現場で調停に当たるＥＥＯＣの職員らは、雇用時に生じる差別について情報収集し、そこで見出された「差別のパターン」にもとづいて判断することが必要だと考えていた。

初期における試行錯誤

このような状況で雇用差別の一つの基準となったのは、一九六六年四月にバージニア州のニューポート・ニューズ造船社とＥＥＯＣのあいだで結ばれた和解合意における差別の解釈だった。ＥＥＯＣは、同社の上級職・管理職一九九七名のうち、黒人が三二名しか含まれていないことを差別と認定し、黒人に昇進のための「積極的な機会」を与えることで同社と合意した。このように、雇用や昇進時に特定の人種を意図的に排除する直接的差別の案件だけでなく、ある職や職階のなかに特定の人種が過少な比率でしか含まれていない制度的差別の案件についても、雇用差別の対象とするようになったのである。

そして、ＥＥＯＣは、差別に見られる客観的なパターンを把握するため、一九六六年から毎年、従業員一〇〇名以上の企業を対象に雇用状況の調査を実施した。この調査では、企業内の職種別に、人種（「ニグロ」「東洋人」「アメリカン・インディアン」「スペイン系アメリカ人」）

ごとの雇用状況を男女別に集計して提出することが求められた。一九六六年の調査では、一万八〇〇〇件の回答があり、約二六〇〇万人の雇用状況をカバーしたデータが集まった。その結果、ホワイトカラー職における黒人の割合は二・五％、熟練ブルーカラー職における黒人の割合は四・一％に過ぎず（黒人は全人口の一〇・五％を占めていた）、各産業の安定した上級職において、黒人が「過少雇用」の状態にあることが明らかになった。このように、負の連鎖によって黒人が安定した職にアクセスできない制度的人種主義の実態が、雇用調査を通して可視化された。

ＥＥＯＣは、調査を通して明らかになった雇用差別の実態を改善するよう、各企業に「積極的な措置（アファーマティブ・アクション）」を求めた。ここに、ケネディが大統領命令のなかで言及した「アファーマティブ・アクション」が、連邦レベルの政策として実施されたのである。

初期のアファーマティブ・アクションとして行われた取り組みは、多岐にわたっていた。この段階では、差別是正という目的を共有しつつも、特定のパターンを持った政策とはいえなかった。それぞれの企業や地域の文脈にあわせて、さまざまなレベルの取り組みが行われた。

具体的な例としては、新規採用の際に黒人の候補者を優先的に採用すること、地域での黒人を対象とした訓練プログラムを設置すること、労働組合への黒人労働者の参加を促進すること、昇進機会を与えられてこなかったマイノリティ従業員の能力や実績を再検討すること、黒人を対象に、昇進のためのオン・ザ・ジョブ・トレーニングのプログラムを導入することなど、幅のある施策が、企業における雇用差別の実態にそくして実施された。

初期のアファーマティブ・アクションには、地域や産業を単位としたプロジェクトとして実施されたものも多い。その一例として、ノースカロライナ、サウスカロライナ両州の繊維産業での取り組みを見てみよう。

ＥＥＯＣは、一九六六年に両州の約二五〇の繊維関連企業で働く労働者における黒人の割合が低いことを調査で明らかにした。調査結果をもとにしたＥＥＯＣと両州の繊維産業団体・繊維工場との交渉によって、黒人の雇用機会を拡大する雇用と訓練のプログラムが設置された。その結果、サウスカロライナ州では繊維産業での新規採用者の四一％を黒人が占めたほか、ノースカロライナ州では四〇万人の黒人が住む地域を対象とした支援プログラムも導入された。両州でのプロジェクトは、州知事を含む政治家からも支持を集め、コミュニティ組織、地方政府、教会などが、黒人への支援と雇用改善に協力した。

ほかにも、コネティカット州ハートフォードでは当時社会問題化していた「人種暴動」に関与した若者を対象とした訓練プログラムが設置され、インディアナ州ゲイリーでは、黒人居住地区に市役所の事務所を開設して多くの黒人女性を雇用した。

以上のような多彩な取り組みを見てもわかるように、当初のアファーマティブ・アクションは、企業個々の差別是正への努力だけでなく、地方政府、企業団体、労働組合、教会、黒人団体との協力体制のもとで、地域社会として人種不平等の問題に対処する包括的なプログラムという性格を持っていた。

グリッグス判決による制度的人種主義の認定

連邦政府による反差別政策として、大規模調査にもとづいて統計的にあらわれる不平等を是正するため、企業や地方政府との協力のもとでさまざまな取り組みが行われてきた。このような取り組みには、同時代の黒人運動が提起し、一九六五年のジョンソン大統領のハワード大学演説（序章）にも見られた制度的人種主義への問題関心が反映されていた。しかし、黒人の雇用が少ないのは能力にもとづいた採用の結果であり、差別や偏見の結果ではないとする意見は根強く存在してきた。何を差別とするのか、差別の克服のためにはどのような措置が必要かという問いは、論争的な話題であった。

そのような状況にくさびを打ち込んだのが、一九七一年三月の合衆国最高裁判所におけるグリッグス対デューク・パワー社判決であった。この裁判では、ノースカロライナ州の電力会社デューク・パワー社のウィリー・グリッグスをはじめとする一三名の黒人従業員が、同社の人事制度を公民権法違反であるとして訴えた。訴えによれば、同社は、上位部門での雇用や昇進の際に高校の卒業証明を課していた。これは、人種隔離教育によって高校進学の機会が著しく制限されていた黒人を、昇進機会から実質的に排除することを意味していた。同社は、一九六四年公民権法が施行されると、卒業証明の提出に代えて昇進試験を導入した。同社は、これを能力にもとづく選抜制度と説明したが、グリッグスらは、新しい制度も黒人の雇用や昇進を妨げる事実上の人種差別的な措置であると訴えた。

最高裁判決では、旧制度だけでなく、新制度も人種差別であると認定された。EEOCの調査によれば、新制度でも白人の試験合格率（五八％）と黒人の合格率（六％）のあいだに著しい差があった。最高裁は、この数値にもとづいて、新制度もまた人種隔離によって不十分な教育しか受けられなかった黒人を排除する制度であったと認めた。この判決のポイントは、デューク・パワー社は「中立」「客観的」に見える能力本位の選抜制度を導入したが、新制度が「以前の差別的な雇用実践が生んだ現状を『凍結』するように作用する」場合は、それもまた雇用差別と見なすと判断したことである。その不平等の「現状」を示す証拠として、合格率の違いという数値が用いられた。

グリッグス判決は、連邦政府の雇用政策が制度的人種主義の問題に本格的に取り組むことを後押しした。判決では、雇用差別であるかどうかは、企業側に差別的な意図があるかどうかではなく、統計上の明らかな不均衡の存在（試験の合格率の差）によって判断された。判決は、公民権法が求める雇用機会の平等の実現を、白人を「優遇」する既存の雇用制度が作り出してきた障壁を取り除くことと表現した。その場合、既存の不平等を放置することもまた差別と見なされ、企業側にも連邦政府機関と協力して不均衡を是正するための積極的な関与を求めた。

「積極的差別是正措置」の成立

このように、グリッグス判決は、連邦政府の取り組みの前提にあった制度的人種主義という問題設定を支持し、過去からの差別の蓄積によって社会構造に組み込まれた不平等を是正する措置として、アファーマティブ・アクションを認めた。また、グリッグス裁判を通して、連邦機関EEOCは、全米黒人地位向上協会（NAACP）と差別を告発するための協力関係を結んだ。公民権改革の歴史を研究する歴史学者ヒュー・D・グラハムは、過去の差別の補償のために政府が積極的に介入するべきという「補償的正義」という考えが確立されたことを、公民権時代の転換点と位置づけている。

さらに、最高裁による制度的人種主義の問題化に加えて、連邦議会もEEOCの取り組みを後押しした。判決の翌年の一九七二年に、連邦議会は雇用機会均等法を成立させ、差別案件で告訴する権限をEEOCに付与した。

司法と立法の支持のもとで、EEOCは、大企業への差別中立に着手した。とくに有名なのは、一九七三年の通信会社最大手AT&T社との合意である。AT&T社には、人種と性によって別々の職務や賃金体系が存在していた。合意ではこれを廃止し、人種マイノリティや女性も上位の職につく昇進機会の制度化が実現した。また、これまで昇進から排除されてきた人びとへの救済や昇給のために、合計七五〇〇万ドルが用意された。このように、グリッグス判決を追い風にした企業に対する民事訴訟が増えたこともあって、多くの企業が、制度的な差別に対処するための人事制度改革を進めるようになった。

ケネディが大統領命令のなかで「アファーマティブ・アクション」の語を用いてから一〇年後、ここに、いよいよ連邦政府が文字どおりの「積極的差別是正措置」を実行するための土台が整った。ここでは、「差別のない社会」の実現という公民権法の理念は、過去の差別の結果として不利な状況に置かれている人びとを救済すること、白人を優位とする社会構造に積極的に介入することと解釈された。このような差別是正の考え方が、連邦政府機関の政策担当者、これに協力する企業関係者、公民権団体などにも共有されるようになった。

女性を対象とした措置の拡大

アファーマティブ・アクションは、人種マイノリティを対象とした取り組みとして始まったが、一九七〇年代までには、女性もその対象に含まれるようになった。実際、一九六四年公民権法は、人種だけでなく、性による差別も禁止している。これは、公民権法に反対していたハワード・スミス下院議員が、法案全体の否決をねらって押し込んだ項目であった。性差別を含めることで多くの反対票が集まるというスミスの予測に反して、公民権法は成立し、性差別の禁止が法のなかに書き込まれた。

しかし、連邦政府や政治家のあいだで性差別への問題関心は低かった。公民権法にもとづいて設立されたEEOCは、おもに人種による差別を扱う機関であるという考えが、政治家にも政府職員にも共有されていた。EEOCが実施した雇用調査では女性も調査対象に含まれていたが、実質的に差別是正に取り組む対象は、黒人に絞られていた。

一九六〇年代に活発になったフェミニズム運動は、EEOCに対して、性差別の改善にも取り組むように求めた。その中心にあったのは、女性の社会参加の促進を訴えてベストセラーとなった『新しい女性の創造（原題：女らしさの神話）』（一九六三年）の著者ベティ・フリーダンらが一九六六年に設立した全米女性機構（NOW）であった。ジョンソン大統領は、一九六七年に連邦政府の助成を受けた企業に雇用差別解消のための「積極的措置」を求める大統領命令一一二四六号の対象に、女性を加える修正を行った。ＥＥＯＣも、一九六九年までに、性差別に対する具体的な取り組みに従事するようになった。そして、一九七二年には、公民権法第九編が教育における性差別を禁止したことによって、これまで女性を排除してきた大学や、スポーツを含む教育活動においても、ジェンダー平等が求められるようになった。このようにして、女性を対象としたアファーマティブ・アクションが、雇用や教育などの分野に広がった。

ＥＥＯＣによる女性を対象とした措置は多岐にわたっていたが、採用過程の差別是正よりも、賃金格差、訓練・昇進機会の不平等、年功や退職ルールにおける差別など、就労後の待遇の改善への取り組みが中心であった。たとえば、一九七二年にＥＥＯＣが作成したガイドラインでは、妊娠を理由とした解雇や出産休暇の拒否を差別と認定した。また、男性に限定した募集広告や、性別による職業資格の制限についても改善を求めた。ＥＥＯＣとの交渉を担ったＮＯＷがミドルクラスの白人女性を中心とした団体であったため、医師や大学教員などの専門職、大企業での役員や管理職への女性の進出への期待も高かったが、女性の貧困問題や人種マイノリティの女性が直面する問題への取り組みは十分ではなかった。

3　なぜニクソン政権期に推進されたのか

フィラデルフィア・プランをめぐる論争

アファーマティブ・アクションをめぐる研究で、長く共有されてきた疑問がある。それは、「法と秩序」をスローガンに急進的な黒人運動を牽制《けんせい》し、公民権運動と改革の時代に対するバックラッシュ（揺り戻し）を象徴した大統領リチャード・ニクソンの時代に、なぜAAという、これまでにない積極的な介入政策の進展が見られたのか、という問いである。

ニクソン共和党政権期（一九六九年～七四年）のアファーマティブ・アクション政策のなかでも、とくに注目を集めたのがフィラデルフィア・プランである。これは、もともとは労働省に設置された連邦契約遵守局（OFCC）が、ジョンソン政権のもとで一九六七年に実施した事業であった。同プランは、フィラデルフィアをモデル都市として取り上げ、連邦政府の事業に入札する建設業者にAAを求めた。具体的には、建設業におけるすべての職種と工程においてマイノリティ集団の出身者が雇用されることを目的とした。とくに、技能職でマイノリティ労働者を雇用する用意がない企業は、契約は困難となった。

しかし、数値面での達成を事前に要求するOFCCの方針に対して、雇用者から労働組合まで、さまざまな非難が殺到した。それは、数値での結果を求める同プランが、黒人を優先する枠をあらかじめ設定することを求める「クオータ」であり、人種にもとづく雇用は「人種に関係なく雇用」することを求めた公民権法に違反するといったものだった。フィラデルフィアでは、ＯＦＣＣの指導のもとで白人労働者を解雇して黒人労働者を採用した建設会社の対応に批判が集まり、労働組合による抗議やストライキによって建設事業そのものが混乱に陥った。結局、政権末期にあった一九六八年にジョンソン政権は、フィラデルフィア・プランの廃止を発表した。

修正版プランの功罪

ジョンソンの福祉政策を批判してきたニクソン政権は、意外なことに、一九六九年にフィラデルフィア・プランを修正して実行すると発表した。修正版では、連邦政府と契約する建設業者は、マイノリティ雇用の数値目標とその実現に向けた日程表を提出し、目標達成のための努力が義務づけられた。「はじめに」（ii頁）で紹介したアファーマティブ・アクションの代表的な取り組み①（政府の公共事業を請け負う業者に、黒人を雇用する数値目標を提出

リチャード・ニクソン大統領

させ、目標の達成を求めること）が、この修正版プランである。

修正版プランを推進したのは、ニクソン政権の労働長官ジョージ・シュルツと黒人実業家で労働副長官のアーサー・フレッチャーであった。二人のリーダーシップのもと、連邦政府と契約する企業に公民権遵守を求めるＯＦＣＣは、強制力があって実効性が高い政策として、修正版プランを提案した。さらに、ニクソン政権は、雇用面だけでなく黒人によるスモールビジネスの起業や企業経営を支援するマイノリティ企業局も設置し、黒人企業への融資を進めた。

修正版プランを中心としたニクソン政権の公民権改革は、黒人の雇用平等に向けた大きな前進であったが、反発も大きかった。反対の中心はジョンソン時代のフィラデルフィア・プランと同様、労働組合と雇用者であった。全米最大の労働団体であるＡＦＬ－ＣＩＯ（アメリカ労働総同盟・産業別労働組合会議）のジョージ・ミーニー会長は、修正版プランを「絶対に受け入れられないクオータのプログラム」と批判した。この批判に対して、フレッチャーら政府関係者は、一定の割合の雇用を約束する「クオータ」と異なり、修正版プランは数値を「目標」として設定したものだと説明した。シュルツらの議会工作も功を奏して、一九六九年一二月に修正版プランは連邦議会で連邦法として成立し、翌年には建設業以外の連邦政府との契約業者にも対象が拡大された。

一九七一年にグリッグス判決によって「積極的差別是正措置」としてのアファーマティブ・アクションの基本的枠組が確立すると、フィラデルフィア・プランはその代表的な取り組みと見なされるようになった。「数値目標」の実現を求める方策は、公務員や連邦契約企業の枠を超えて広がり、一般企業でも、この要求に対応し、雇用差別を是正するための専門部局を設けるようになった。連邦政府機関、自治体、公民権団体、企業などの協力関係のもとで、差別是正の動きが推進された。

その反面、フィラデルフィア・プランの導入は、アファーマティブ・アクションに対するイメージを固定化させた。初期には地域や企業ごとにさまざまな取り組みが含まれていたように、ＡＡは、「差別のない社会」を実現するための幅広い「積極的な措置」を指す言葉であった。しかし、フィラデルフィア・プランが注目されると、ＡＡは一定の「数値目標」を定めて、その実現を「強制」する政策として語られるようになった。修正版フィラデルフィア・プランがＡＡの代名詞のように取り上げられるようになると、その取り組みの多面性や多様性にはあまり言及されなくなった。そして、このような単純化が、それまで暗黙のうちに優位を享受してきた人びとのあいだに違和感を増幅させ、次章で論じるような反対論を勢いづかせた。

ニクソン政権が仕掛けた民主党支持層の分断

ニクソン政権は、修正版フィラデルフィア・プランを成立させた後、一九七〇年代はじめにはアファーマティブ・アクションへの関心を失った。七〇年にシュルツが、七一年にはフレッチャーが労働省を去り、フィラデルフィア・プランどころかAAに対する組織的な擁護は明らかに弱くなった。しかし、フィラデルフィア・プランのような急進的な施策を熱心に作り上げ、厳しい議会政治をくぐり抜けて制度化させたのもまた、ニクソン政権下で起きたことである。公民権運動や社会改革に否定的であったニクソンが、AAの拡張と制度化に積極的だったのはなぜなのだろうか。

ニクソン共和党政権によるアファーマティブ・アクションの推進は、民主党の支持基盤を切り崩す政治的戦略であったという見方は根強い。とくに、AAの是非をめぐる議論は、民主党の重要な支持基盤であった白人労働者と黒人のあいだに深刻な亀裂を作り出した。

実際、NAACPなどの黒人団体の多くは、連邦政府に人種間の経済的不平等を是正するためのアファーマティブ・アクションの充実を求めてきた。一方で、白人男性の正規労働者が多数を占める労働組合は、人種マイノリティや女性に機会を確保するために白人男性労働者の雇用を制限する政策として、AAを非難した。とくに、フィラデルフィア・プランのように「数値目標」をともなう取り組みは、両者のあいだに、差別是正か、それとも人種にもとづく「クオータ」の導入かという対立を導き出した。

ニクソン政権下において、アファーマティブ・アクション政策のモデル都市としてフィラデルフィアが再度選ばれた背景には、当地が黒人と白人労働者を多く抱える典型的な民主党支持の大都市であったことが指摘されている。結果的に、AAは、ニューディール期以来の民主党の支持基盤に亀裂を持ち込む政治戦略として機能した。

都市における「危機管理」の手法として

しかし、民主党支持者を混乱させるという政治的理由だけで、政権がこれまで類を見ないレベルの黒人支援策の導入に乗り出すだろうか。むしろ、ニクソン政権下の連邦政府の側に、アファーマティブ・アクションを推進する動機づけがあったのではないか。

まず、一九六八年のジョンソン民主党政権からニクソン共和党政権への交代が、それ以前の政策方針のすべてを逆転させるものではなかった点は重要であろう。人種差別に対処するという公民権改革への問題関心は、当時の連邦政府、一般市民、企業、関連団体に広く共有されていた。とくに、一九六〇年代後半において社会問題化していたのは、都市部で相次いだ人種暴力に起因する「暴動」事件だった。一九六五年八月ロサンゼルスのワッツ地区では、白人警察官が黒人男性を飲酒運転の疑いで逮捕した事件への抗議が、数万人を巻き込む規模の騒擾事件に発展した。その後、全米の大都市で警察による暴力に抗議する黒人住民の蜂起が続くなかでは、ニクソンが掲げた「法と秩序」というスローガンには、このような公民権運動の「行き過ぎ」を抑え、新たな危機に対処するというメッセージが含まれていた。

社会学者のジョン・スクレントニーは、アファーマティブ・アクションは、公民権法以降における黒人問題がもたらす「危機」を管理する方法の一つと考えられたと指摘している。相次ぐ「暴動」の背景に黒人が直面する制度的人種主義の問題が指摘されるようになると、連邦機関関係者や公民権活動家だけでなく政治家や企業家のあいだでも、人種にもとづく特別措置の必要性が主張されるようになった。ジョンソンからニクソンへの政権交代時には、このような都市問題に対する具体的で積極的な措置が、「危機管理」――「法と秩序」の回復――の手法の一つとして議論されていた。修正版フィラデルフィア・プラン提案の背景には、両政権が共有した都市問題への危機意識が存在していた。

安上がりな人種政策

一方で、ニクソン政権にとってアファーマティブ・アクションは、「偉大な社会」を掲げて大規模な福祉政策を実行したジョンソン政権からの方向転換を象徴する政策でもあった。ジョンソン政権が導入した福祉政策は、「貧困との闘い」と呼ばれ、AAだけでなく、低所得者層に対する就学前児童教育を支援するヘッドスタートや、コミュニティ単位で補助金を支給してニーズに応じた支援を行うコミュニティ行動計画など幅広いプログラムを含んでいた。しかし、ベトナム戦争の長期化のなかで、大規模な政策の実施が財政を圧迫したこと、そして都市部で「暴動」事件が頻発したことで、「貧困との闘い」政策への支持は低迷していた。

ニクソンは、マイノリティを対象とする大規模な貧困政策に不満を持つ「サイレント・マジョリティ」の白人中間層や労働者階級からの支持を集めて、大統領選挙に勝利した。貧困層の教育や職業訓練を充実させる政策が人件費などの多くの予算を必要としていた一方で、企業に「数値目標」達成のための自発的な努力を求めるアファーマティブ・アクションは、「貧困との闘い」とは異なり、大規模な予算措置を必要としない福祉政策であった。膨大な予算を必要とする福祉政策を見直し、予算削減後も効率的な目標達成を求めるニクソン政権の方向性に、修正版フィラデルフィア・プランは合致していたのである。ニクソン政権期以降は、企業側に「数値目標」の達成を求める方式が、低予算で実効性があるAAとしてクローズアップされるようになった。

ニクソン政権の政治的思惑だけでなく、連邦機関の側にも「数値目標」の達成を求める方法を推進する事情があった。EEOCやOFCCなどの連邦機関は、設立当初から大きなジレンマを抱えていた。それは、これら連邦機関に与えられた人員、予算、権限が、課せられた使命に対してまったく不十分なことだった。設立直後からEEOCは、一般企業を対象に組織としての処理能力をはるかに超える数の差別案件を扱っていた。OFCCは、違反企業との契約を破棄する権限を有していたが、やはり人員不足のために現実に契約破棄となった事案はわずかだった。

このように高い理想と不十分な能力のあいだのジレンマを解決する方法が、「数値」にもとづくアプローチであった。大規模調査にもとづいて雇用における人種的な不均衡を可視化すること。そして、不均衡を改善したことを「数値」という結果によって示すように企業側に求めること。それは、過少な資源と能力しか持たない連邦機関にとって有効なアプローチと考えられた。

ジョンソン大統領の新しい人種正義を求める演説（序章）やグリッグス判決での制度的差別の是正措置としてのアファーマティブ・アクションの正当化は、このような手法に依存せざるをえない連邦機関を後押しした。連邦機関にとっては、フィラデルフィア・プラン型のAAこそが、与えられた資源で実行可能な、もっとも効率的で「安上がりな」差別是正措置と見なされていたのである。

まとめ——積極的差別是正措置か、クオータ制度か

ここまで、一九六四年公民権法が目指した雇用面での「差別のない社会」実現への方法として、連邦政府機関がアファーマティブ・アクションと呼ばれる取り組みを導入し、それが制度的人種主義に対峙する「積極的差別是正措置」として確立する過程を追跡してきた。人種不平等や貧困問題の改善に積極的だったジョンソン政権だけでなく、公民権改革に消極的とされたニクソン政権も、ジョンソン政権との差別化や「危機管理」の観点からAAを推進してきた。連邦機関にとっても、AAの導入は不十分な人員や予算のもとでも一定の結果が期待できる、実効性の高い取り組みと考えられてきた。

本章が扱った一九六〇年代から七〇年代初頭にかけてのアファーマティブ・アクションの目的は、公民権法において描かれた「差別のない社会」の実現であった。そこで「差別」として問題化されたのは、個人の言動だけでなく、人種マイノリティを排除して白人を優遇する法体制や政策が作り出した制度的人種主義であった。グリッグス判決は、中立に見えても歴史のなかで作られた不平等を維持・強化するような取り組みを、「差別的」と規定し、不平等構造に対する積極的な介入を支持した。「差別のない社会」の追求は、長年の差別の蓄積としての制度的人種主義を克服するための積極的な措置へと帰結した。

解消すべき制度的差別は、数値によって可視化された。EEOCやOFCCなどの機関は

対象となる企業に対して雇用状況の大規模調査を行い、従業員の構成や昇進の機会において人種による不均衡がないかを確認した。不平等が顕著な企業には改善を求め、特定の業種や地域での不均衡が見出された場合には、業界団体や自治体の協力を得て、黒人コミュニティでのリクルート活動から教育・訓練プログラムまで、多様なアプローチでそれに対処した。NAACPやアーバンリーグなどの黒人団体との協力関係も、人員不足の連邦機関にとっては貴重な資源であった。黒人団体は、人種不平等の歴史にもとづくアファーマティブ・アクションの必要性を訴えるだけでなく、連邦機関と企業のあいだの調停や訴訟の際には法的な支援も提供した。

しかし、さまざまなアファーマティブ・アクションの取り組みのなかでも、雇用や昇進の「数値目標」を企業に課す方式に、推進・反対両方の立場から注目が集まるようになった。ニクソン政権下の連邦政府機関にとっては、財政的負担が軽い「数値目標」を求める方式は、「貧困との闘い」から撤退しつつも人種正義の追求を続けるという、難しい立場を反映したものであった。また、差別是正の取り組みでは不可欠なアクターであった黒人団体からも、「数値目標」を求める声は根強かった。厳然と存在する人種主義の壁を打ち破るため、具体的な数値目標にもとづく客観的な成果を期待できる積極的な措置に、連邦政府もマイノリティ団体も引きつけられていた。

とはいえ、「数値目標」への努力を求めることへの反発も大きかった。アメリカでは、二〇世紀前半の「ユダヤ人クオータ」や国別割当移民を想起させるクオータ制度自体を、人種差別的な制度と見なしてきた。企業や労働組合は、数値を設定してその実現を実質的には強制するしくみを、「人種クオータ」と受け止めた。白人の労働者階級が多くを占める労働組合の視点から見れば、人種による「異なる扱い」を要求するという点で、アファーマティブ・アクションもこれまでのクオータと同様の人種差別的な制度であるように映っていた。

女性もまた、アファーマティブ・アクションの対象となったが、その主要な関心は「数値目標」の設定よりも、大学や企業での待遇改善にあった。ミドルクラス白人女性の関心を反映した性別にもとづくAAは、女性の社会進出に対する障壁の除去と機会の提供を求める取り組みに力点が置かれた。

連邦政府は、「数値目標」への努力を求める措置は、特定の枠をあらかじめ用意する「クオータ」とは異なっていると見なし、裁判所も修正版フィラデルフィア・プランを公民権法違反とする企業側の訴えを退けた。「数値目標」への努力を求める人種差別是正措置がアファーマティブ・アクションの代表的事例と見なされるようになると、その是非をめぐる議論は、一九七〇年代後半に激しさを増すのであった。

第2章　それは「逆差別」なのか——転換点としてのバッキ裁判

1　「逆差別」問題の登場

マジョリティはどう受け止めてきたのか

アファーマティブ・アクションは、白人男性などのマジョリティに対する「逆差別（reverse discrimination）」なのではないか。過去に行われた差別に対する救済や是正という名目で、別の差別がまかり通っているのではないか。このような疑問が、一九七〇年代後半に法廷でさかんに議論され、「逆差別」という語がメディアに躍った。「逆差別」は、AAについての語り方も、その制度としてのあり方も決定的に変質させることとなった。

一九六四年公民権法によって差別が禁止されて以来、差別の告発は、アメリカ社会において重大な社会的意味を持ってきた。公民権改革とは、これまでは「当たり前」とされてきた慣習を見直し、新しい社会関係を根づかせようとする試みであった。その渦中で発せられた「逆差別」という言葉は、「差別」という強い語感をともないつつ、公民権改革全般に対してマジョリティが抱いてきた違和感を、巧みに表現するものだった。

当時、一九六〇年代末の混乱を経て、公民権改革への期待が減退し、「貧困との闘い」と呼ばれた大規模福祉政策は縮小を余儀なくされていた。アファーマティブ・アクションへの反発は、連邦の福祉政策への批判とともに、公言されるようになった。黒人やマイノリティを対象としたAAが、白人の雇用や昇進などの機会を制限するのではないかという懸念は、フィラデルフィア・プランをめぐる議論でもさかんに表明されてきた。そして、一九七〇年代になるとAAによって実際に機会を奪われたという白人男性が声を上げるようになった。その経験は、メディアで大きく取り上げられ、その是非が裁判で争われるようになった。

アファーマティブ・アクションがマジョリティにいかなる影響をもたらすのか。この問いは、一九七〇年代の論争の主要な論点となった。当初は、公民権運動の延長線上にあったAAに理解を示していた人びとも、少しずつ、その違和感を口にするようになった。差別を是正するための取り組みが、結局は別の差別を作り出しているのではないか。黒人などのマイノリティが「優遇」され、マジョリティである白人が、新しい時代の被差別集団となっているのではないか。AAは、差別是正のための政策なのか。それともマジョリティへの「逆差別」なのか。本章では、このような観点からAAの是非が問われた裁判と社会の反応を通して、AAの歴史的な転換点を探ってみよう。

大学における特別措置入試の導入

一九七〇年代における「逆差別」論争の主要な舞台となったのは、高等教育におけるアファーマティブ・アクションであった。一九七〇年代前半までに確立した、差別是正政策としてのAAは、雇用分野だけでなく教育分野にも広がっていた。

第二次世界大戦後のアメリカの経済成長は、大学への進学者の拡大をもたらした。一九五七年には一八歳から二四歳までの年齢層の大学進学率は二〇％を超え、一九六六年には三〇％を超えた。しかし、大学進学機会の拡大も、人種によって均等ではなかった。退役軍人の大学進学を支援するGIビルが大学進学者の数を増やしたものの、依然として黒人の受け入れを拒否する大学もあり、黒人学生の多くはハワード大学やスペルマン・カレッジなどの歴史的黒人大学（HBCU）へ進学した。一方で「ユダヤ人クオータ」の撤廃を表明した大学のあいだでは、客観的な評価の一つとしてSAT（大学進学適性試験）などの標準テストを採用することが増えていた。

このような状況で、人種間の教育格差の拡大を危惧した一部の大学は、黒人をはじめとする人種マイノリティを受け入れるための特別措置入試を導入した。事前の準備学習が点数に反映されやすいSATは、隔離や貧困によって十分な教育機会に恵まれない黒人学生にとって不利な試験でもあった。SATは、中立的な選抜方法に見えるが、教育環境の格差が大きい場合には、有利な学生をより有利にする側面があった。そこで各大学は、募集定員の数%を、SATなどのスコア評価を用いずに、高校までの成績やエッセイ、面接試験などで判断する特別措置入試にあてるようになった。

たとえば、カリフォルニア大学では、一九六七年に人種マイノリティや経済的背景によって不利な学生を対象とした特別措置入試の枠を、入学者の二%から四%に拡大し、さらに一九七九年までに六%に拡大すると決めた。一九五〇年代までは白人男子学生が圧倒的多数を占めていたハーバード大学でも、特別措置入試の導入によって一九七〇年代末までに新入生全体の二割近くを、黒人、アジア系、ヒスパニックのマイノリティ学生が占めるようになった。

高等教育機関のなかでも、人種マイノリティの学生の増加が大きな意味を持っていたのが、医師や法律家などの専門職を養成する大学院だった。一九六〇年、アメリカの内科医における黒人医師の割合はわずか二%のみであった。カーマイケルらの著書『ブラック・パワー』

では、南部のミシシッピ州内の隔離地区では、約一万八五〇〇人の黒人住民に対して黒人の医師は一人しかいないという現状が報告されている。専門職からの黒人の排除は、制度的人種主義の典型的な一側面であった。

一九六九年にアメリカ医科大学協会は、七五年までに新入生の一二％を黒人学生が占めることを目標として掲げ、法科大学院協会は、連邦政府からの助成をもとに不利なマイノリティ集団出身の学生の進学を促進する取り組みをはじめた。マイノリティの背景を持つ医師や弁護士を輩出することは、当人の所得や職業的威信の獲得だけでなく、マイノリティのコミュニティへの専門的サービスの供給、コミュニティのリーダーの育成や子どものためのロールモデルの提供にも結びついた。

アメリカの連邦制度では、教育分野は地方政府の管轄となる。連邦政府からの資金援助を受ける大学は、連邦政府が助成する事業での差別を禁じる公民権法第六編の対象になったが、連邦政府による差別是正への介入は限定的であった。それでも、各大学は、教育における人種不平等の問題を制度的・構造的な問題として認識し、その改善を使命ととらえていた。

「白人差別」という問題設定

人種差別是正のための取り組みを「白人に対する差別」と見なす考え方は、一九六四年公民権法をめぐる議論において、すでに存在していた。たとえば、バージニア州選出の民主党下院議員J・ヴォーン・ゲリーは、雇用機会の均等を求める第七編の提案に「マイノリティを支えるために、マジョリティを差別する」時代が到来しつつあると反対した。ゲリーのように、南部で人種隔離廃止に抵抗してきた民主党員は、公民権法に対する不安を「白人に対する差別」として表現した。また、公民権法が「クオータ」を導入して非白人を「優遇」し、「白人に対する差別」を可能にするのではないかという懸念は、反対派から繰り返し表明されていた。

公民権運動に抵抗してきた勢力は、差別是正のための公民権改革が、強大な権力を持つ連邦政府とリベラルな司法による、白人マジョリティに対する抑圧を引き起こすと批判し続けた。とはいえ、公民権法以前の社会で白人が圧倒的な優位にあったことは多くの人びとの共通認識であり、マジョリティとしてその恩恵を享受してきた白人に対する「差別」という問題関心は、一般に共有されていたわけではなかった。

しかし、ニクソン政権期以降、これまでの公民権改革に対する期待が縮小するとともに、白人を「差別」問題の対象とする裁判に注目が集まった。それが、一九七六年の合衆国最高裁マクドナルド対サンタフェ輸送会社判決であった。一九七〇年九月、サンタフェ輸送会社の従業員が積み荷の不凍剤を不正流用した事件が発生した。この事件に関与した三名のうち、白人従業員二名は解雇され、黒人従業員のみが解雇猶予とされた。このことを不満として、解雇された白人元従業員らは、彼らが白人であったがゆえに解雇されたこと、人種を理由に組合が適切に対応しなかったことを、雇用機会均等委員会（ＥＥＯＣ）に訴えた。

原告の白人元従業員らは、人種を理由にした解雇は、一九六四年公民権法における雇用差別の禁止に違反すると訴えた。その訴えは地区裁判所では認められなかったが、一九七六年六月に合衆国最高裁は、公民権法は「特定の人種への差別に限定されない」ため、「白人に対する人種差別も、非白人に対する人種差別と同じ基準にもとづいて禁止される」と結論づけた。業務上の不正に対する罰において人種は関係ないはずであり、そこで人種によって異なる扱いを受けたとすれば、白人に対しても差別となるという判断であった。

マクドナルド裁判は、人種と関係ない問題で白人を不利に扱うことを「白人に対する差別」と認めたものであったが、一連の議論は、「マイノリティのために白人を排除する」と見なされたアファーマティブ・アクションもまた、「白人に対する差別」なのではないかという疑念を刺激した。そして、この疑念がアメリカ社会全体へと広がることを決定づけたのが、「逆差別」という言葉の登場であった。

デフニス裁判

「逆差別」という語が広く用いられるきっかけは、ワシントン大学法科大学院を一九七一年に不合格になったユダヤ系の白人学生マルコ・デフニスが起こした裁判であった。

ワシントン大学法科大学院では、学業成績やLSAT（法科大学院入学者試験）のスコアにもとづいて選抜される一般の入試制度とは別に、黒人、ヒスパニック、先住民、フィリピン系の四つのマイノリティ集団を対象とした特別入試枠を設定していた。ワシントン州内の法律家のうち黒人は二％に満たず、マイノリティ出身の法律家養成は喫緊の課題と考えられていた。ワシントン大学はこの特別入試の枠組を用いて、マイノリティ学生が入学者の一五から二〇％まで増えることを目指していた。

デフニスは、自分がマイノリティ枠で合格した学生よりも高い点数をとっていたにもかかわらず入試で不合格だったのは、マイノリティ枠の対象外の「白人」であったからだと考えた。そして、「白人」であることが合否を左右する入試制度は、憲法修正一四条が定める平等保護原則に反していると裁判に訴えた。ワシントン大学側は、特別入試は過去に排除されたことで不利な立場にいる集団を受け入れるための「良性の差別」であるとして擁護したが、一九七一年にキング郡上位裁判所は、デフニスへの差別を認定し、ワシントン大学に入学を許可するように命じた。

ワシントン大学はデフニスの入学を認めながらも控訴し、特別措置入試の是非が再び州最高裁で争われた。一九七三年三月に州最高裁は、法曹職において「過去の差別を無効化して人種統合を推進すること」は、州の利益に適合しているとして特別入試制度を擁護した。そして、その合憲性の最終判断は、合衆国最高裁判所に委ねられたが、最高裁は、デフニスがすでに法科大学院を修了間近であったことから、合憲性についての判断を保留したまま審議を終えた。

最高裁は、デフニス裁判において大学におけるアファーマティブ・アクションの是非を決することは避けたが、裁判報道を通して「逆差別」という言葉が広く取り上げられるようになった。そのきっかけは、キング郡の判決でロイド・ショレット判事が、「法科大学院のマイノリティ用プログラムは、白人の志願者に対する『逆差別』の一例だ」と述べたことにあった。この言葉から、デフニス裁判は「逆差別裁判」と呼ばれるようになり、人びとの関心を引きつけた。

とくに、アファーマティブ・アクションに否定的だった保守派の論客が、これに言及するようになった。たとえば、ジャーナリストのジェームズ・J・キルパトリックは、一九七四年アメリカ最大のビジネス団体であるアメリカ商工会議所の機関誌に「デフニス・シンドローム」と題した記事を掲載した。ここで、キルパトリックは、デフニスのように「白人であるがゆえに拒否される」という「逆差別」が、法科大学院だけでなく雇用や昇進を含む市民生活全般に蔓延《まんえん》していると非難している。「デフニス・シンドローム」は、「健全な人種関係を麻痺《まひ》させつつあり、『平等な機会』の真の意味をどんどん逸脱している」として、アファーマティブ・アクションの拡張に警鐘を鳴らした。

2　バッキ裁判と白熱する論争

白人男性アラン・バッキの訴え

白人男性のアラン・バッキは、一九七三年から二回にわたって、カリフォルニア大学デイビス校医科大学院を受験したが、二回とも不合格となった。ノルウェーにルーツを持つバッキは、一九四〇年にミネソタ州の郵便局員の父と教師の母のもとに生まれ、後の裁判報道によれば、「金髪で青い目」の外見を持つ「典型的な白人男性」と見られた。彼は、ミドルクラスの価値を重んじる家族のもとで育ち、ベトナム戦争に従軍した後にミネソタ大学で工学の学士号を取得して、アメリカ航空宇宙局（NASA）でエンジニアとして働いた。その後、医師を志望して、三二歳のときにカリフォルニア大学デイビス校医科大学院を受験したが不合格となり、翌年も同様の結果だった。

カリフォルニア大学デイビス校は、州内の医科系大学院志望者の増加に対応すべく、一九六八年に医科大学院を開設した。開設時の入学者はアジア系三名を除いてすべて白人学生だったため、マイノリティ学生の進学を促進する観点から、特別措置入試を導入した。この特別入試は、本書の「はじめに」で紹介したアファーマティブ・アクションの事例②（ⅱ頁）に当たるもので、定員一〇〇名のうち一六名を非白人の志願者を入学させるための特別枠として設定した。一九七二年に拡充された特別措置入試のもと、五名の黒人、六名のチカーノ（メキシコ系）、五名のアジア系学生が入学した。

バッキは、一九七四年六月に、非白人のための「人種クオータ」を設置する特別措置入試は、白人に対する「人種差別」であるとして、自身の医科大学院への入学を求める訴えをカリフォルニア州裁判所に起こした。

アラン・バッキ（AP／アフロ）

バッキ側は、マイノリティ学生を人種にもとづいて優先するデイビス校の特別措置入試制度が、憲法修正一四条の平等保護条項が求める法の下での平等な権利の保護原則を侵害していると訴えた。ここで問題視されたのは、特別措置入試がなければ合格していたと思われる白人学生バッキを、その「人種」

にもとづいて排除していることであった。実際、一九七四年度の入試でも、定員一〇〇名のうち一六名分が特別措置入試によって合格したが、特別措置合格者の理科系科目の成績やMCAT（医科大学入学試験）の平均点は、バッキの成績よりも低かった。

一九七四年一一月、郡の上位裁判所は、マイノリティ学生のみを対象に一定の枠を用意する特別措置入試制度は「人種クオータ」であり、憲法修正一四条の平等保護条項、公民権法、そしてカリフォルニア州憲法第一条にも違反していると判断した。さらに、一九七六年九月の州最高裁判決でも、特別措置入試を「クオータの一形式」として違憲とした。この判決でも「逆差別」という言葉が使用され、「優遇措置を行う者が過去に差別を行っていたことを示すことなく、マイノリティを優遇すること」が「違憲な逆差別」であると論じた。判決は、一九六八年に医科大学院を開設したデイビス校が「過去にマイノリティ志願者を差別したという証拠がなかった」ため、特別措置入試を「違憲な逆差別」と判断した。カリフォルニア大学理事会は、七六年一一月、合衆国最高裁へと上告した。

史上最大の裁判

バッキ裁判において、合衆国最高裁が特別措置入試の合憲性について、何らかの判断を下すことは確実と見なされた。これは、一九六〇年代から継続してきた差別是正のためのアフアーマティブ・アクションの是非を問う、重大な判断となるであろう。そのため、大学関係者だけでなく、連邦政府、大学、黒人団体、人権団体など、公民権政策とAAに関わるさまざまな立場の人びとにとって、注目の判決となった。

一九七七年一〇月に口頭弁論が行われた。カリフォルニア大学側の法廷代理人を務めたのは、アーチボルド・コックス。ハーバード大学教授で、ケネディ政権時代の訟務長官、そしてニクソンを辞任に追い込んだウォーターゲート事件の特別検察官を務めた人物である。コックス率いるカリフォルニア大学側は、グリッグス判決でも認められた制度的差別に対抗するための手段として、「カラー・コンシャスな（人種を意識した）」入学者選抜の必要性を訴えた。大学側の意見によれば、「教育、医療、そのほか隅々まで広がった人種差別の遺産は、社会全体だけでなく、孤立しているマイノリティに重くのしかかる」ため、そのような差別の蓄積は「形式的な平等の公式に依拠するだけでは払拭できない」という。コックスは、人種主義がもたらす破壊的な影響を強調し、「責任ある教育機関」としての義務を果たすことを訴えた。

一方、バッキ側の代理人は、カリフォルニア州での裁判から継続してレイノルド・H・コーヴィンが務めた。コックスとは対照的に、コーヴィンは全国的には無名の弁護士で、最高裁判所での弁論の経験もなかった。しかし、州最高裁での勝利を背景として、最高裁で問われるべきは、バッキ個人が入学に値するかどうかではなく、一人のアメリカ市民が「人種を理由に差別されない権利」を有しているかどうかであると主張した。そして、州での裁判と同様に、カリフォルニア大学の特別措置入試は、バッキを人種にもとづいて排除する「違憲な人種差別」であり、いかなる入学者選抜もすべての志願者の前に中立であるべきという意見を繰り返した。

アファーマティブ・アクションの是非を決すると見られたバッキ裁判には、過去にない注目が集まった。最高裁には、一五〇以上の団体や組織から、それまでで最多とされる五八件のアミカス・キュリエと呼ばれる意見文書が提出された。そのうちの七割以上に当たる四二件が、カリフォルニア大学と特別措置入試を支持した。たとえば、ジミー・カーター民主党政権の司法省は、連邦政府の基本的な立場として、「平等な機会の達成と人種差別の廃止」という二つの目標を実現するために「マイノリティについて考慮するプログラム」が必要であるとして、特別措置入試を擁護した。このほか、カリフォルニア大学とAAを支持する意見を提出した団体には、全米黒人地位向上協会（NAACP）、人権団体のアメリカ自由人権協会（ACLU）、コロンビア大学やハーバード大学などの名門大学、医師や法律家などの専門職団体、そして医科大学院や法科大学院の団体などが含まれていた。

一方、バッキを支持する意見文書は、学校教員の労働組合であるアメリカ教員連盟（AF

T）や白人エスニック集団の団体などから提出された。AFTは、「人種に沿った優遇措置」は「人種差別へのドアを再び開けることにつながる」と述べた。また、かつてクオータによって大学入学機会を制限されてきたユダヤ系アメリカ人の団体が、特別措置入試を「人種クオータ」と呼んで反対したことも重要だろう。そのほかイタリア系やポーランド系の団体も「特定のマイノリティを救済するための措置が、他のマイノリティのアクセスを否定する」と批判した。白人系団体は、過去に差別対象であったユダヤ系やイタリア系などを「白人」として一括して「逆差別」の対象としていることに反発した。

カラー・ブラインド対カラー・コンシャス

論争で焦点となったのは、カラー・ブラインド（人種を意識しない）か、それともカラー・コンシャス（人種を意識する）かという対立軸だった。カラー・ブラインドの原則を代表するものとして、アファーマティブ・アクションに反対する人びとにしばしば引用されるのは、マーティン・ルーサー・キング牧師の有名な演説「私には夢がある」（一九六三年）である。なかでも、「私には夢がある。私の三人の息子たちが、肌の色ではなく、人格そのものによって判断される日が来ることを夢見ている」という一節は、アメリカの理想の中核にあるカラー・ブラインドネスを高らかに宣言したものと考えられている。「肌の色」によって差別する人種隔離制度の廃止を求めた公民権運動は、カラー・ブラインドの理想を追求した運動として再解釈された。

バッキ側は、アファーマティブ・アクションは、「肌の色（人種）」によって人びとのあいだに境界線を引き、異なる扱いの対象とする行為であり、カラー・ブラインドの理想に反する政策として批判した。序章でも見たように、キング自身は、不平等是正のための連邦政府による介入を支持する意見を表明していたが、キングが語ったとされるカラー・ブラインドの理想は、AAを批判するときの論拠として、繰り返し言及されるようになった。

これに対して、大学側は、人種差別によって作られた不平等を改善するためには、人種にもとづいて介入する「カラー・コンシャスな」政策が不可欠であると訴えた。すでに不平等が組み込まれている制度的人種主義の状況では、カラー・ブラインドな政策は既存の不平等を再生産することにしか結びつかない。人種を考慮しない形式的な平等は、不利な人をますます不利な状況へと追い込む。このようなカラー・ブラインドな取り組みの不十分さは、ブラック・パワー運動による制度的人種主義批判や、ジョンソンのハワード大学演説、そしてグリッグス判決における雇用差別の再定義のなかで繰り返し指摘されてきたはずだった。それでも、「逆差別」という表現をともなったカラー・ブラインドの理念が喚起する「正しさ」は、多くの人びとのアファーマティブ・アクションへの見方を揺るがした。

バッキ判決をめぐる審議では、このような論点が繰り返し言及された。アファーマティブ・アクションを推進する立場にあった連邦政府、マイノリティ団体、大学や専門職関連団体の多数がカリフォルニア大学を支持する意見を表明し、経験豊富なコックスは安定した弁論を展開した。それでも、AAをめぐるアメリカ社会の雰囲気は明らかに変わっていた。審議では、裁判官たちは制度的人種主義に関する議論よりも、特別措置入試がクオータ制度といえるか否かについての質問を繰り返し、AAについて、これまでとは異なった結論が下されるのではないかという雰囲気が広がっていた。

違和感を後押しするメディアや政治家

バッキ裁判への人びとの注目を反映して、各メディアでは、「逆差別」や「逆偏見」という言葉が見出しを飾るようになった。たとえば、一九七七年一二月二〇日の『ロサンゼルス・タイムズ』の記事は、「逆偏見」が全米に広がっていると報告している。記事では、ノースカロライナ大学の白人学生らが、学生自治会委員に黒人二名を含める規約を「逆差別」と訴えた。白人学生は「自分はいかなるマイノリティに対する差別にも反対するが、いかなるマイノリティのための差別にも反対だ」と自身の立場を表現した。ほかにも多くの事例が紹介された。アラバマ州モントゴメリーでは、あるボイストレーナーが、黒人学生を多く抱える大学での仕事を白人であるという理由で解雇された。ニューヨーク州の病院職員は、黒人を雇用するために自身が解雇されたと訴えた。このような記事の多くは、白人側の見解のみにもとづいたものだったが、さまざまなメディアが、白人であることによって不利な扱いを受ける事件が増えているという報道を繰り返した。

1976年ごろのロナルド・レーガン

アファーマティブ・アクションを含む公民権改革に批判的な保守派政治家も、このような流れには敏感だった。一九七五年までカリフォルニア州知事を務めていたロナルド・レーガンは、一九七六年の共和党の大統領予備選挙に立候補した際、「逆差別」という言葉を用いて、長く連邦政府が推進してきたAAに反対する立場を明確にした。

「差別の廃止という」価値ある目的を熱心に追求するあまり、政府は、実質的にはクオータとしか言いようがない制度を押しつけています。連邦政府が優遇の対象として認められているエスニック集団に帰属していない人はみな、逆差別の犠牲者となる側にいるということです。

レーガンは共和党の予備選で現職大統領のジェラルド・フォードに敗れたが、次の一九八〇年大統領選挙では共和党候補としての指名を勝ち取り、本選挙にも勝利した。彼は、選挙運動を通して、連邦政府が人びとを「優遇の対象」と「逆差別の犠牲者」に二分し、平等な権利の原則を破壊しているとして、公民権改革や福祉政策からの撤退を求める持論を展開した。レーガンは、大統領就任時に「政府が問題を解決するのではなく、政府こそが問題だ」と主張して規制緩和や減税を推進したが、彼にとって、アファーマティブ・アクションは連邦政府による市民生活への悪《あ》しき介入の典型と考えられた。

とまどう世論

「クオータ」「優遇措置」「逆差別」としてアファーマティブ・アクションを拒絶する態度は、世論にも広がっていた。一九七七年五月にギャラップ社が行った世論調査によれば、過去の差別に対する補償として「女性やマイノリティ集団のメンバーは、雇用や大学入学において優遇されるべきか」という問いに対し、「はい」はわずか一〇%にとどまり、「いいえ」の回答者が八三%を占めた。非白人の回答者であっても、「優遇されるべき」と答えたのは二七%で、「いいえ」が六四%を占めた。

ただし、「マイノリティの子ども」のために「連邦政府の支援による特別な教育コース」

を設置することに対しては、賛成意見が五三％を占めて反対（三九％）を上回っており、連邦政府のマイノリティ支援策が完全に否定されていたわけでない。人びとは、差別の歴史をふまえた補償的措置については一定の理解を示しつつも、「優遇措置」と呼ばれるような方法に対しては強い拒否感を抱いた。「優遇」や「逆差別」という言葉への過剰ともいえる反応は、政府や公共機関は中立的な立場を維持すべきという規範が広く共有されていたことを示唆している。

「逆差別」という言葉には、過去の差別に対する救済や是正という名目で「白人に対する差別」が正当化されることへの反感をかき立てる効果があった。その一方で、「逆差別」や「優遇」への違和感を表明する態度には、既存の差別による著しい不平等への問題意識の希薄さも反映されている。一九六〇年代にアファーマティブ・アクション導入が議論されたころは、制度的な人種不平等をいかに克服するかという課題が広く共有されていた。しかし、公民権改革への関心が減退し、福祉政策への幻滅も広がるなか、とくに白人層の関心は人種問題の解決から「白人に対する差別」へと移っていた。一部の政治家やメディアは、このような人びとの関心の変化に敏感に反応していた。

3　判決がもたらしたもの

短命に終わった「差別是正措置」

口頭弁論から八ヶ月後の一九七八年六月二八日、いよいよ合衆国最高裁によるカリフォルニア大学理事会対バッキ裁判の判決の日を迎えた。判事のあいだでも真っ二つに意見が分かれるなか、ルイス・F・パウエル判事の意見が判決を導いた。その対立を反映した判決の論理は以下のような複雑でわかりにくいものになってしまった。

人種やエスニックな区分は本質的に疑わしいものであり、もっとも厳格な司法審査が必要である。多様な学生集団の獲得という目標は、このような状況で入学の判断において人種を用いることを正当化するには十分にやむにやまれぬものである。しかし、請願者の特別入学プログラムは、被上告人のような人物の考慮をあらかじめ除外している点で、このやむにやまれぬ目標の実現にとって不必要であり、平等保護条項のもとでは無効である。

ルイス・F・パウエル判事

ここで、「人種やエスニックな区分」とは、身体的特徴にもとづく人種と、出身国や文化的特徴にもとづくエスニシティ（民族性）などの属性によって区別することを指している。アメリカ政府の公式統計では、白人、黒人、アジア系などは人種的な類型と考えられるのに対して、ヒスパニックはスペイン語文化にもとづくエスニックな類型と位置づけられている。パウエル判事の意見によれば、人種やエスニシティは、人びとの偏見や差別を導く危険性があるため、憲法体制のなかで「疑わしい区分」と見なすべきとされた。かつての人種隔離制度がそうであったように、このような区分にもとづく「異なった扱い」を許容するべきではないことを、アメリカの基本原則として再確認した。

デイビス校の入試制度では、白人志願者は一〇〇名の定員のうち最大でも八四名までしか入学できないのに対し、マイノリティ志願者には一〇〇名すべてが開かれていた。このような制約は、「クオータと述べようが、目標と述べようが、人種やエスニックな地位にもとづいて線を引いている」ことに変わりはない。判事らは、合衆国憲法においては疑わしい区分とされる人種やエスニシティを用いてでも実現させなくてはならない「利益」があるのかどうか、ほかに適切な方法がないかどうかなどを検討した。その結果、デイビス校の入試制度は憲法修正一四条に違反して「無効」であると判断し、アラン・バッキの入学が認められた。

この判決は、アファーマティブ・アクションの歴史にとって、一つの重大な判断を含んでいた。それは、制度的差別の是正措置としてのAAの正当化を拒絶したことである。

一九七一年のグリッグス判決（第1章）では、最高裁は制度的人種主義にもとづく不平等を是正することを求めた。しかし、バッキ判決では、アファーマティブ・アクションの目的は「社会全体としての差別（societal discrimination）の効果に対する救済」よりも狭いと定義された。判決によれば、救済措置としてのAAは、過去に直接的・意図的な差別に関与した組織にのみ認められる。新設校であるデイビス校の医科大学院は、その対象外であり、そこでマイノリティを「優遇」すれば、バッキのような白人は「無実の犠牲者」として傷つけられる。パウエルは、制度的人種主義の問題をAAから切り離し、直接的・意図的な差別のみをその対象としたのである。

パウエルが示した違憲判断に、四名の判事は同意しなかった。黒人初の最高裁判事サーグッド・マーシャルは、かつて奴隷制や人種差別を認める解釈を提供してきた合衆国憲法が、再び人種平等への「障壁」となったことを嘆いた。マーシャルは、奴隷制から人種隔離制度にいたる歴史を振り返り、いかにアメリカ社会に人種主義が構造的に組み込まれてきたかを説明した。また、ハリー・ブラックマン判事は、カラー・ブラインドな方法では人種主義の克服は困難として、カラー・コンシャスな方法の必要性を訴えた。

バッキ判決は、制度的人種主義に対する差別是正措置としてのアファーマティブ・アクションの役割を否定した。制度的人種主義への問題関心は、公民権運動の活動家から政治家、連邦政府機関、そして企業や教育関係者にまで広く共有されてきた。しかし、バッキ判決は、教育における構造的不平等の積極的な是正措置としてのAAに、はやくも終止符を打ったのである。

「多様性」という新しい目的

差別是正措置としてのアファーマティブ・アクションに「ノー」を突きつけたバッキ判決であったが、すべてのAA、あるいは人種を用いたすべての入学選抜方式を禁止したわけではなかった。AA自体に対する判断としては、判事の意見は違憲四名と合憲四名で、二つに分かれた。そこで、パウエルの見解が最高裁の判断として採用された。それは、「多様な学生集団を獲得するという目標」が、憲法上認められる「やむにやまれぬ目標」として、人種を用いた制度を正当化するというものだった。「多様な学生集団を獲得する」ためのAAとは、どういうことだろうか。

実は、カリフォルニア大学は、「多様な学生集団」を求めることを特別措置入試の一つの目的に掲げていた。また、アミカス・キュリエ文書では、多様性の確保を、特別措置を支持する根拠とする意見を複数の団体が提出した。たとえば、全米大学教授協会は、「教育上適切な学生の多様性の獲得のために人種を考慮すること」は平等保護条項と矛盾しないと主張した。全米医科大学院協会も、「医学教育の質の改善や専門職への統合のためにクラスにおける多様性を守ること」は、アファーマティブ・アクションを正当化する「やむにやまれぬ利益」であると表現した。さらに、コロンビア大学やハーバード大学など四大学が提出した意見書でも、多様性と学術的な達成という二つの目標を実現するために、現行の入試制度が必要であると述べた。

パウエル判事は、制度的人種主義の是正のためのアファーマティブ・アクションを退けたが、多様な学生集団の確保のためであればAAは可能と考えた点で、ほかの判事と異なっていた。パウエルによれば、多様な学生集団の獲得は、「深い考察、実験、創造をもたらすのにもっともふさわしい環境を提供する」という大学の使命の一つであり、これは学問の自由を定めた憲法修正一条にも合致している。彼は、最高裁判事になる前に、バージニア州教育委員会委員長を務めるなど教育分野での経験が豊富で、教室における多様性が学生の教育にとって肯定的な影響を与えると考えていた。

判決文のなかで、パウエルは当時のプリンストン大学総長のウィリアム・G・ボウエンの言葉を引用して、「多様性から学ぶこと」とは、「もっとも深いところにある自分自身と世界についての前提を互いに問いなおさせる」ことであり、それこそが「高等教育の質にとって決定的」であると評価した。高等教育における多様性の追求という目的のためであれば、人種を考慮した選抜方法は許容されると論じた。

パウエルが、「教育における多様性を獲得するための入試方法」としてモデルにしたのは、ハーバード大学の入学試験だった。当時のハーバード大学は、「クオータ」を設置せず、「音楽家、フットボール選手、医師、カリフォルニア出身者」などと同じように、多様な学生層のバランスを調整する要素の一つとして「人種」を用いていた。しかしながら、デイビス校の入試はこれとは異なり、人種の分類にもとづいて二つのまったく異なったトラックが併存していた。パウエルは、人種が決定的な影響を与えるデイビス校の方式を「多様性という利益をもたらす唯一の効果的な方法」と見なすことができず、修正一四条の平等保護条項に反していると判断した。一方で、多様な属性の一つとして「人種」を扱うハーバード方式は、特定の人種集団に具体的な数値やクオータを用意せず、学生集団の多様性に応じた柔軟な扱いが可能な点で、「多様性という利益」に適《かな》った方法であると考えられた。

判決への反応

雑誌『タイム』一九七八年七月一〇日号は、バッキ判決について、その表紙で「バッキ判決が意味するもの——クオータにはノー、人種にはイエス」という見出しで伝えた。記事では、バッキ裁判を「人種隔離教育を違憲とした一九五四年のブラウン判決以来、もっとも重要な公民権裁判」と位置づけ、人種によるクオータを禁止しながら、入試において考慮する一つの要素として人種を扱うことは合憲とした判決を「ソロモンのように賢明な妥協」と表現した。

『タイム』1978年7月10日号

しかし、ここでアファーマティブ・アクションの是非を決すると期待していた推進派・反対派の両派は、この明瞭さを欠いた判決に満足しなかった。AAを推進してきた多くの黒人団体は、この判決に落胆を表明した。NAACPワシントンDC地区では、判決を「時間を後退させるもの」と批判し、南部キリスト教指導者会議の幹部は、「AAを実行する動機づけが失われた」と失望した。カリフォルニア州選出の黒人下院議員ロン・デルムスは、「ニクソンの法廷による人種差別的な決定」と非難し、抗議の声を上げるように呼びかけた。人種マイノリティのあいだでは、この判決を、これまで連邦政府から司法まで幅広く支持されてきたAAに対する「バッククラッシュ（揺り戻し）」がついに始まったと受け止めた。

一方で、法学者ロバート・H・ボークは、バッキ判決は「憲法修正一四条がいくらかの逆差別を許容する」と述べたものであり、判決は「説得的ではないし、満足もできない」と批判した。保守派の評論家ジョージ・F・ウィルは、最高裁は、アメリカの司法制度の中核概念を「個人の機会の平等」から「集団別の統計的な均等」へと変えようとする連邦政府の動きを「本気で止めるつもりはないのだろう」と述べた。一貫してクオータに反対してきたユダヤ系団体の幹部は、大学入試における「人種クオータ」を違憲としたことを評価しながらも、「二つの項目とはいえ、人種を考慮することを受け入れることは難しい」と憂慮を表明した。差別是正か、「逆差別」かと問いかけて過熱した論争のなか、この判決はどちらの立場から見ても期待外れであった。

これまでアファーマティブ・アクションを実行してきた連邦政府関係者や大学関係者は、バッキ判決を現実的な提言として受け止めた。たとえば、雇用差別に対するAAを推進するEEOCは、バッキ判決を「私たちが過去に行ってきたことと別のことをするように強制されるものではない」と解釈した。EEOCは、これまでもAAを「クオータ」とする考えを否定してきており、その方針は今後も変わらないと述べた。

また、バッキ判決はカリフォルニア大学にとっては実質的な「敗訴」ではあったものの、デビッド・S・サクソン総長は、判決を「大学にとっては偉大な勝利」と表現した。一九六七年までカリフォルニア大学の総長を務めたクラーク・カーも「最高裁は、高等教育におけるアファーマティブ・アクションのプログラムを継続し、大学における学生の多様性を実現することを支持した」ことを評価した。

不明瞭な判決後もメディアの過熱報道は続き、判決を受けてカリフォルニア大学デイビス校医科大学院に入学したアラン・バッキの様子なども伝えられた。一方で、アファーマティブ・アクションの是非をめぐる論争は、決着を先延ばしにされたことで、再び平行線をたどることとなった。

ウェーバー判決と企業における特別措置

メディア・イベント化したバッキ裁判の一年後、合衆国最高裁はアファーマティブ・アクションに関して、もう一つの重要な判決を下した。

ルイジアナ州グラマシーのカイザー・アルミニウム化学社の工場に勤務していた三二歳の白人男性ブライアン・F・ウェーバーは、同社が全米鉄鋼労働組合との団体交渉で導入したアファーマティブ・アクションによって、訓練プログラムから排除されたと裁判所に訴えた。同社は、白人労働者が大半を占める熟練工部門への黒人労働者の雇用を促進するため、訓練プログラム参加者の五〇％を黒人が占めるように合意していた。それまでは、実質的には白人労働者のなかの年齢順で訓練への参加機会が与えられていたが、一九七四年に訓練プログラムに参加した黒人労働者の全員が、認められなかったウェーバーよりも年下であった。ウェーバーは、このプログラムを白人労働者に対する「逆差別」と訴え、その廃止を求めた。

ＥＥＯＣは同社のアファーマティブ・アクションを支持する意見を表明したが、地区裁判所はウェーバーの要求を認め、訓練プログラムの選抜に人種を用いることを禁じた。これをカイザー社と労働組合が控訴したが判定は変わらなかったことで、合衆国最高裁に判断が委ねられた。

ウェーバーは「ブルーカラーのバッキ」と呼ばれ、雇用差別の分野における「逆差別」裁判として、そのゆくえが注目された。一九七九年六月の合衆国最高裁の判決は、バッキ判決とは対照的にきわめて明瞭なものであった。

審議に参加した七名の最高裁判事のうち五名が支持した判決は、カイザー社は、伝統的に白人が多数を占める分野において、黒人を特別に処遇するアファーマティブ・アクションを実施することが可能であるというものであった。しかも、過去に差別を行ったかどうかに関わりなく、「人種の不均衡」を解消するためにAAを導入することが可能であるとした。バッキ判決と異なっているのは、ウェーバー判決におけるAAは、民間企業と組合のあいだの自発的な合意にもとづいていたことにある。雇用差別を禁じた公民権第七編は、民間企業が、自発的に行うAAを完全に禁止するものではないとして、「白人差別」というウェーバー側の主張を退けた。人種不平等を改善するための民間企業の自発的な取り組みにおいては、幅広い柔軟性が認められるべきだと判断されたのである。

また、ウェーバー判決のなかでは、人種にもとづくアファーマティブ・アクションは、機会の平等を実現するまでの一時的な措置であるべきとされた点も重要であろう。そのため、ウェーバー判決は、マイノリティではない人びとを完全に排除するのではなく、一時的に目標を定め、白人にも機会を与える柔軟性も必要であるとされた。このように、カイザー社のグラマシー工場のように明らかな人種間の不均衡がある場合、それが正されるまでの一時的な措置として、一定の割合の黒人に優先的に訓練機会を与えることが認められた。

ウェーバー判決は、EEOCが民間企業に求めていた自発的なアファーマティブ・アクションの導入をさらに後押しするものとなった。カリフォルニア大学のような公立大学とは異なり、民間企業が採用できる選択の幅は広くなった。雇用における不平等改善のための民間企業によるAAは、ウェーバー判決によって幅広く継続されることとなった。

まとめ――固定化される賛否の構図

バッキ判決は、クオータの禁止、制度的人種主義に対する差別是正措置の終わり、そして「多様性の実現」という新たな目的の設定をもたらし、これ以後のアファーマティブ・アクションのあり方を変えた。たとえば、大学入試でのクオータの導入はほぼ不可能となり、「多様性の実現」のために人種を一要素として考慮する方法に限定された。

バッキ判決がもたらしたのは、このような制度面・政策面の帰結だけではない。何よりもバッキ裁判は、公民権運動以降のアメリカにおける人種についての語り方を変えた。法廷やメディアにおける論争を通して、アファーマティブ・アクションをめぐる対立の構図が、はっきりと姿をあらわすようになった。賛成派や反対派は、それぞれの見解を表明し、それは「逆差別」対「差別是正」、「クオータ」対「目標」、「カラー・ブラインド」対「カラー・コンシャス」、「優遇」対「救済」、「機会の平等」対「結果の平等」などの価値観の対立として理解された。この図式は、公民権法以降の人種平等への取り組みが「行き過ぎている」と考える人びとと、「不十分である」と考える人びとのあいだの対立にも重なっていた。AAをめぐる賛否は、政策としての是非を超えて、アメリカの人種と平等の原則に対する立場の表明と結びつけられた。

本章が強調したいのは、アファーマティブ・アクションをめぐって本質的な価値観の対立や分断があるという構図そのものが、バッキ裁判や「逆差別」論争を通して構築されてきた、という側面である。初期のAAには多様な取り組みが含まれ、人種不平等の是正のためにはさまざまな角度からのアプローチが必要だった（第1章）。また、ジョンソン大統領の一九六五年の演説では、「機会を求める」ために「結果としての平等」を追求したように（序章）、二項対立的に理解されがちな理念も、完全に相容《あいい》れないものと考えられたわけではなかった。

しかし、バッキ裁判をめぐる論争では、人種不平等へのアプローチについて、二者択一の対立構図が優先されるようになった。不平等な状況を作り出す複雑な現実を見据え、複数の選択肢のなかから適切な改善策を探ることよりも、賛成か、反対かという立場性の表明が、議論の中心となった。アファーマティブ・アクションへの賛否は、一政策の是非だけでなく、人種主義への態度を推し量るシンボリックなアジェンダとなったのである。

アファーマティブ・アクションは「逆差別」なのかという問いは、正面から回答することが難しい。マジョリティによるAAへの違和感を前提とした「逆差別」という語を持ち出した時点で、AA問題を価値観の「分断」として表現し、そのどちらかに立つことを強制してしまう。

バッキ判決は、この難問に直接回答することを避けた。差別是正という目的を「多様性の実現」という別の目的に置き換え、「逆差別」と呼ばれた措置を「人種を要素の一部として考慮すること」と一部修正することで、アファーマティブ・アクションをアメリカ憲法体制の枠組のなかに位置づけなおした。「逆差別」論とともにバックラッシュの兆候が広がるなかで、合衆国最高裁はAAの継続を可能にする枠組を見出した。しかし、それは、少なくとも大学や公的機関の取り組みにおいては、「差別是正措置」としての継続を困難にして、厳しい制約を課するものとなった。

一方で、「逆差別」という言葉が挿入されたことで、アメリカ市民のあいだのアファーマティブ・アクション観は大きく揺らいだ。世論調査にあらわれたように、人種不平等の歴史をふまえて人種マイノリティに何らかの支援は必要だと考えている人びとのあいだでさえ、「逆差別」や「優遇措置」に賛同する声を上げるのは難しかった。そして、AAを問題視する発言を繰り返してきたロナルド・レーガンが大統領となった一九八〇年代には、連邦政府機関の差別是正措置からの撤退が明らかになった。

第3章　反発はいかに広がったのか――「文化戦争」のなかの後退

1　一九八〇年代から一九九〇年代における反対論

「文化戦争」の時代

一九七〇年代後半に登場した「逆差別」という言葉とともに、アファーマティブ・アクションへの逆風は強まっていた。ロナルド・レーガンは、一九八〇年の大統領選挙で連邦政府が主導したAAの見直しを公約とした。大統領になったレーガンは、AAに否定的な人物を司法省などの公民権改革に関わるポジションに任命し、雇用機会均等委員会（EEOC）や連邦契約遵守プログラム（OFCCP）などの連邦機関の予算は大幅に縮小された。この傾向は、共和党のジョージ・H・W・ブッシュ政権（一九八九年～九三年）だけでなく、民主党のビル・クリントン政権（一九九三年〜二〇〇一年）にも引き継がれ、AAのおもな担い手は、連邦政府から民間企業や大学などの教育機関へ移行した。

そして、一九八〇年代後半から九〇年代にかけて、アファーマティブ・アクションは、「文化戦争（culture wars）」と呼ばれた対立を導く争点の一つと見なされるようになった。社会学者のジェームズ・D・ハンターは、人工妊娠中絶、同性愛者の権利、公教育や学校カリキュラム、芸術や表現の自由などをめぐる論争が、アメリカとは何かをめぐる道徳的・根本的な対立として政治問題化する状況を「文化戦争」と呼んだ。当時、既存の価値や秩序を重んじる「正統派」と、新たな価値や基準を持ち込む「革新派」のあいだの対立は、根本的な信念や世界観をめぐる、非妥協的なものと考えられた。

「文化戦争」の背景には、一九六五年の移民法改正以降にヒスパニック、アジア系移民の増加が顕著になり、白人優位の社会構造が動揺しつつあることがあった。とくに、黒人、先住民など非白人の視点からナショナル・アイデンティティの再定義を求めた多文化主義（multiculturalism）の波紋は大きかった。多文化主義は、植民地時代から「多文化」を背負った存在としてアメリカの歴史を描き、ヨーロッパ系を「主役」とする既存の語り方を「ヨーロッパ中心主義」として厳しく批判した。

人種にもとづいて雇用や教育の不平等の是正を進めるアファーマティブ・アクションは、

多文化主義的な社会政策の代表と見なされた。多文化主義は、集団どうしが対等な立場、関係にあることを求める。格差や不平等を是正するために、人種によって異なる扱いを積極的に取り入れるカラー・コンシャスなAAは、多文化主義的な集団間関係を確立するために必要な取り組みとされた。しかし、このようなAAに反発したのは、白人優位の秩序を維持しようとする保守層だけではなかった。かつて公民権運動を支持し、差別がないカラー・ブラインドな社会の実現を目指したリベラル層も、AAは人種集団の存在を固定化して、人種間の溝を強化するとして批判的な立場をとるようになった。

一九九〇年代前半は、人種間の「分断」が大きな社会問題と考えられていた。たとえば、一九九二年には、黒人男性ロドニー・キング暴行事件への抗議が、「ロサンゼルス暴動」と呼ばれる大規模な騒擾事件へと発展した。騒動のなかで、アジア系の商店が甚大な被害を受け、マイノリティのあいだにも深刻な対立があることが表面化した。また、殺人容疑で逮捕された黒人スポーツ選手O・J・シンプソンへの無罪判決（一九九五年）をめぐっては、有罪を信じる白人と、差別的な捜査に抗議する黒人のあいだに、意見の対立があることが明らかになった。多文化主義が描くアメリカ像とそれを前提としたアファーマティブ・アクション政策が、このような人種間の「分断」を煽《あお》り、「文化戦争」をさらに深刻化させるという批判が相次いだ。

バッキ裁判以降、アファーマティブ・アクションをめぐる議論は、そこに体現される価値——「差別是正」と「逆差別」、「カラー・コンシャス」と「カラー・ブラインド」など——への道徳的なコミットメントをますます重視するようになった。「文化戦争」の渦中で、その対立は今まで以上に相容れないものと考えられるようになっていた。

深刻な対立のなかで、アファーマティブ・アクション論争にも新たな展開が見られるようになった。その一つは、白人の政治家や知識人だけでなく、マイノリティの背景を持つ人びとによるAA反対論の登場であった。

「本当に不利な人びと」を救えるのか

一九七〇年代末ごろから、黒人の知識人やリーダーからもアファーマティブ・アクションに反対する声が聞こえるようになった。黒人を制度的差別の「被害者」と位置づけて、その「救済」を掲げて導入されたAAに対して、その「受益者」であったはずの黒人からも反対の声が上がったことのインパクトは大きい。黒人からの異論は、AAという政策自体が大きな問題を抱えているという印象を広めた。

その批判の一つは、黒人社会学者のウィリアム・ジュリアス・ウィルソンによるものである。ウィルソンは、『人種の重要性の低下』(一九七八年)、『アメリカのアンダークラス(原題：本当に不利な人びと）』（一九八七年）などの論争的なタイトルの著書を通して、人種にもとづくアファーマティブ・アクションが、黒人の貧困問題にとってほんとうに有効なのかと問いかけた。

一九七〇年代以来、教員、医療、経営、ホワイトカラーの仕事に参入する黒人の数は増加し、安定した経済基盤を持つ黒人ミドルクラスがあらわれた。アファーマティブ・アクションが、黒人の高等教育機会を拡大し、専門職や管理職を増加させたことはたしかだろう。しかし、序章で議論したように制度的人種主義の克服がＡＡの目的であったとするならば、一九七〇年代以降には、新たな問題への注目が集まっていた。それが、大都市における「アンダークラス（underclass）」と呼ばれる貧困層の登場である。

ウィリアム・ジュリアス・ウィルソン（AP／アフロ）

アンダークラスは、既存の労働者階級の「さらに下」の階級、すなわち、日雇いやインフォーマルな労働者、失業者やホームレスなど、雇用・所得・居住などの点で「最底辺」に位置すると考えられる人びとである。ウィルソンは、一九七〇年代から八〇年代にかけて、大都市中心部の新しい貧困層としてアンダークラスの形成を論じてきた。

ウィルソンによれば、アンダークラス問題は、高校中退、失業率、貧困率などの数値だけでなく、大都市中心部（インナーシティ）のゲットー地区に集住するという地理的要因から考える必要がある。一九七〇年代以降、アメリカ国内の製造業の海外移転が進行した結果、インナーシティに集住するマイノリティ労働者層がついていた非熟練職の労働市場が解体されてしまった。さらに、ゲットー地区の経済的基盤の弱体化とともに、教育にも十分な予算が見込めなくなり、学校環境は荒廃し、高校からのドロップアウトや犯罪への関与が目立つようになった。失業や不安定な仕事で所得も安定せず、ゲットーから出ていくこともできない。製造業からサービス業への経済構造の転換（リストラクチュアリング）のなかで、インナーシティの劣悪な居住環境・不十分な教育・不安定な雇用が結びつく貧困の連鎖はいっそう強固になり、そこに住む人々がアンダークラスという底辺の地位から抜け出すことも難しくなる。

本来、アファーマティブ・アクションは、このような連鎖を断ち切るための措置であったはずだ。初期のAAのなかには、このような貧困地区をターゲットとしたプログラムも存在してきた（第1章を参照）。しかし、一九七〇年代には、AAは貧困地区の負の連鎖に直接介入するようなアプローチから離れ、地域的な文脈を考慮しないまま雇用や入学の「数値目標」を満たすことが優先されるようになった。その対象は、政府と契約関係がある大企業や大学などの高等教育機関に限定された。そのため、AAの恩恵を受ける黒人は、公務員・教員・自営業など、もともと安定した階層の出身者に限定され、ゲットー地区の不安定な生活環境に置かれた人びとは、その機会からも見放されてしまった。

ウィルソンは、「人種に特化」したアファーマティブ・アクションでは、アンダークラス問題に対処することはできないと主張する。なぜなら、アンダークラスは、その階級的問題（貧困、失業、不安定雇用、教育など）が地理的に隔離されることで生じる現象だからだ。しかし、ＡＡはその問題を人種のみに還元するため、同じ人種のなかの有利な層にその恩恵が集中し、「本当に不利な人びと」の救済には結びつかない。むしろ、専門職やミドルクラスの黒人の経済上昇を助け、アンダークラスの黒人とのあいだの階級的な格差を拡大させてしまう。ウィルソンは、新しい経済構造のもとでは、人種の重要性は低下しており、むしろ階級に焦点を当てた一般的な政策アプローチが必要であると訴えた。

ウィルソンのアンダークラス論は、アファーマティブ・アクションという取り組みそのものに対する批判というよりは、救済の方法についての、階級を重視する立場からの批判であった。黒人社会学者による貧困問題という観点からのＡＡへの批判のインパクトは大きく、その政策としての妥当性がますます疑問視されるようになった。

黒人成功者からの批判

ウィルソンの議論では、ミドルクラス以上の恵まれた環境にある黒人がアファーマティブ・アクションの恩恵をもっとも享受したと見なされている。しかし、その恩恵を受けたはずの黒人エリートからも、AAを批判する声が上がった。

アファーマティブ・アクションに反対した黒人エリートの代表例が、のちにその廃止に深く関与することになる法律家のクラレンス・トーマスである。

クラレンス・トーマス

ジョージア州の貧しい家庭に育ったトーマスは、一九七一年に、当時アファーマティブ・アクションによる黒人学生の受け入れを推進していたイエール大学の法科大学院に入学した。一九七四年に法務博士を取得後、法律家として企業法務、州の司法部門、連邦議員の補佐などを務めた。レーガン政権下の連邦政府で保守派の法律専門スタッフとして頭角をあらわすと、一九八二年に雇用機会均等委員会（EEOC）の委員長に任命された。

黒人学生の受け入れに積極的な大学院を修了し、公民権政策の最前線にあるEEOCの委員長となったものの、トーマスのアファーマティブ・アクション観はきわめて否定的であった。トーマスは、大学院修了後に法律事務所で面接を受けた際、自分の学位をAAによって得たものと見なされたことにしばしば言及している。彼によれば、黒人は進学や就職の際にAAによって「優遇」されたと見なされ、その能力や実績が正当に評価されていないという。AAは不利な立場にいる人びとを正当に評価するための取り組みとされてきたが、一部の企業はマイノリティを実力以上に「優遇」する措置と見なしていた。トーマスは、これを、自身を正当に評価しなかった雇用者側の問題ではなく、AAという制度の問題として取り上げた。AAという制度があるために、マイノリティは「優遇なしには対等な競争ができない」という差別的な偏見を根づかせてしまったというのだ。

クラレンス・トーマスは八年間のEEOC委員長の任期のあいだ、「人種やジェンダーにもとづいて機会を配分するような取り組みは、雇用差別を助長させる」と主張し、アファーマティブ・アクションを「人種差別」と呼び続けた。そして、連邦機関の関与を縮小させるために、EEOCによる差別案件についての集団訴訟を廃止し、個別訴訟でのみ対応するように変更した。その結果、EEOCは再び設立期のような機能不全に陥ったが、それこそがレーガンがトーマスに期待したことであった。

そして一九九一年、ジョージ・H・W・ブッシュ大統領は、連邦最高裁判事からの引退を表明した黒人判事サーグッド・マーシャルに代わって、トーマスを新たな判事に任命した。マーシャルは、全米黒人地位向上協会（NAACP）の弁護士として人種隔離教育を違憲としたブラウン判決を導いた、公民権の推進を象徴する黒人法律家であった。最高裁判事としても、バッキ判決では反人種主義の立場から特別措置入試を擁護する反対意見を表明するなど、一貫して差別是正措置としてのアファーマティブ・アクションを支持してきた。

そのマーシャルの後継として、レーガン政権で公民権政策を停滞させてきたトーマスが指名されたことは、大きな議論を呼んだ。EEOC時代の女性の部下への性的ハラスメントが問題となって審議は混乱したが、一九九一年一〇月に上院での承認を得て、トーマスは最高裁判事となった。その後もトーマスは、最高裁判事としての約三〇年のキャリアにわたって、前任者とは対照的にAAを違憲とする立場を貫いている。

自己否定に陥る黒人エリートたち

黒人評論家のシェルビー・スティールも、アファーマティブ・アクション「受益者」の立場から黒人への否定的な影響について議論している。彼は著書『黒い憂鬱』（一九九〇年）において、AAが黒人のあいだに劣等感と犠牲者意識を植え付け、優遇措置やクオータに依存する態度を定着させると批判する。さらに、黒人エリートやミドルクラスは、実力以上に「優遇」されたというスティグマ（否定的なイメージ）を内面化し、自身の成功や到達を正当に評価できない自己否定に陥ることがある。AAは、黒人が学業やビジネスで成功しても、

「AAのおかげ」と自他ともに見なしてしまい、ますますそれに依存してしまう状況を作り出しているというのだ。

スティールは、AAを「偽りの代償」と呼び、人種に限定されない「公平性」にもとづいた、カラー・ブラインドな判断や評価にもとづく社会の実現を求める。『黒い憂鬱』の原題『私たちの人格（*The Content of Our Character*）』は、マーティン・ルーサー・キング牧師の演説「私には夢がある」のなかの「肌の色ではなく人格そのもの（content of their character）で判断されることを夢見る」という有名なフレーズを想起させる。スティールは自身の理想をキングの言葉に重ねることで、AAには道徳的な問題があると強調した。

トーマスやスティールは、アファーマティブ・アクションを廃止し、人種を考慮しない、カラー・ブラインドな業績主義にもとづく評価を求める。トーマスに影響を与えたとされる経済学者のトーマス・ソウェルをはじめ、法学者のステファン・L・カーター、医師のベン・カーソン、本章で後に言及する実業家のウォード・コナリーなど、各界で成功した黒人のなかにはAAの心理的な悪影響に言及して、反対を公言するケースは少なくない。

とはいえ、黒人全体におけるアファーマティブ・アクションに対する支持は高かった。たとえば、タイムズ・ミラー社による一九九〇年の調査では、「優遇措置を含め、黒人や他のマイノリティの地位の改善のためにあらゆる努力を行うべき」という意見に対して、白人の七九％が反対したのに対し、黒人の六八％が賛成しており、その評価は対照的である。ここで取り上げた黒人によるＡＡ反対論は、黒人のなかでは「少数派」の意見であった。

一般世論でも、「クオータ」や「優遇」への反発は明らかであるが、黒人やマイノリティへの支援を支持する傾向は根強い。そのため、レーガン政権も、ブッシュ（父）政権も、アファーマティブ・アクションを縮小しつつも、その完全な廃止にはいたらなかった。それでも、ＡＡの対象とされてきた人種マイノリティの立場からその問題点を指摘する議論は、とくに白人層に大きな効果を持っていた。その効果は、一九九〇年代半ばのＡＡをめぐる住民投票というかたちで表面化した。

2　「反優遇」の住民運動——カリフォルニア州提案二〇九号

住民投票で是非を問う

「文化戦争」が深刻化した一九九〇年代におけるアファーマティブ・アクション論争のもう一つの新しい展開は、バッキ裁判をはじめ司法を舞台としてきた論争に加えて、地域の住民を直接的に動員する草の根の住民運動の手法が注目されるようになったことである。

一九八〇年代以降の公民権改革や反人種主義運動への逆風は、司法でも厳しい判断を導いていた。その一つが、一九八九年のリッチモンド市対Ｊ・Ａ・クロソン社判決である。これは、南部バージニア州リッチモンド市で一九八三年に導入されたアファーマティブ・アクション政策の是非を問う裁判であった。連邦最高裁は、同市の再開発関連事業に関する契約の三〇％分をマイノリティが経営する企業に取り置く制度を、違憲と判断した。この判決以後、人種を用いたＡＡは、州や政府の「やむにやまれぬ利益」を達成するための必要不可欠な手段といえるかどうかを確認する「厳格審査」と呼ばれる司法審査の対象となった。バッキ判決でも「人種やエスニックな区分」による枠を用いる制度は厳格審査にもとづいて違憲と判断されたが、これ以後は、人種を用いた政策が認められるためには、厳格審査を通過するという厳しい司法的な条件が課せられることとなった。

そして、一九九〇年代には、アファーマティブ・アクションの是非を、司法だけではなく直接的・民主的な住民投票という手法によって問おうとする運動が登場した。アメリカでは、約半数の州に、有権者がイニシアティブと呼ばれる法案を提出し、住民投票によってその是非を決する住民提案制度が存在している。一九八〇年代以降、とくに保守的なアジェンダの推進に、各州の住民投票が利用されてきた。なかでも、「直接民主制」の伝統を重視する歴史を持ち、保守的な住民運動が活発であったカリフォルニア州は、ヒスパニックやアジア系の移民増加を背景に、英語の公用語化や移民への福祉制限などを問う住民投票を繰り返してきた。法律についての高度で専門的な議論が展開される裁判とは異なり、住民投票は、有権者のあいだの心情や態度がその是非を決する要因となる。住民投票によってAAの是非を問う運動の登場は、一般市民のあいだでもAAへの違和感が広まっていることを背景としていた。

一九九一年、保守系の研究者団体に所属するトーマス・E・ウッドとグリン・カストレッドは、「カリフォルニア公民権イニシアティブ（CCRI）」と呼ばれる住民提案文書を作成した。提案は、「人種、エスニシティ、性、出身国、宗教にもとづいて個人を優遇するアファーマティブ・アクション」が「公共の福祉にとって、不公平で屈辱的で有害である」として、その廃止を求めるものだった。ウッドとカストレッドは、雇用、昇進、大学入試などで活用されているAAを、州の公共の福祉に反する「逆差別」と呼び、カラー・ブラインドな基準にもとづくべきだと主張した。

CCRIへの支持は、反移民や反福祉を掲げる政治家から広がった。一九九四年二月、住民投票の対象となることを目指して、カリフォルニア共和党がCCRIへの支持を表明した。また、「文化戦争」を政治的なスローガンとして持ち込んだ保守派の評論家パット・ブキャナンも、「クオータの破壊」を掲げてCCRIを支持した。しかし、九四年には、住民提案として認められるだけの住民の支持を集めることはできなかった。

一九九六年の住民投票を目指して、さらに多くの政治家や団体がCCRIを推進した。大統領選挙への出馬を予定していたカリフォルニア州知事ピート・ウィルソンは、一九九五年二月にアファーマティブ・アクションに反対する態度を示し、CCRIの支持と政府によるAAの「終結」を求めた。保守系の住民団体も次々と支持を表明した。南カリフォルニアを基盤に福祉削減と減税を求めた住民団体「憂慮する納税者協会」は、一九九五年に「STOPクォータ」というキャンペーンを開始した。「STOP」とは「優遇に反対するためにともに立ち上がる（Standing Together Opposing Preferences）」の略で、CCRIを支持する住民のネットワーキングを進めた。

ウォード・コナリー

CCRIは、アファーマティブ・アクションに反対する住民運動として保守的な政治家や住民団体からの支援を集めてきたが、一九九六年の住民投票の対象となるためには、さらに支持を拡大する必要があった。そこで、切り札となったのが、一九九五年一一月にキャンペーンの議長に就任したウォード・コナリーであった。

ウォード・コナリーは、ルイジアナ州出身の黒人実業家である。カリフォルニアを拠点とする不動産コンサルタントとして活躍し、一九九三年にピート・ウィルソン知事の任命でカリフォルニア大学システム（当時九つの大学で構成された州立大学制度）の理事に就任した。カリフォルニア大学は、旗艦校であるバークレー校を中心に、一九六〇年代から人種マイノリティ学生の運動が活発で、アファーマティブ・アクションを含む人種不平等に介入する先進的な取り組みで知られていた。バッキ裁判の舞台となったデイビス校もその一つであった。

しかし、保守派のピート・ウィルソン知事を理事長とするカリフォルニア大学理事会は、アファーマティブ・アクション反対論で知られたコナリーの尽力もあり、一九九五年七月、学内の反対を押し切って入学・雇用・契約における一切のAAの廃止を決定した。コナリーは、これに続いてCCRIを成立させ、カリフォルニア州のあらゆる公的領域でAAを禁止させる運動に乗り出した。白人保守派の人種主義的な提案と見なされていたCCRI運動の印象は、黒人であるコナリーをシンボルとすることで大きく変わった。

「Pワード」とメリトクラシー

CCRI運動の議長に就任したウォード・コナリーは、提案文書に大きな修正を加えることを進言した。それは、提案文書では「アファーマティブ・アクション」という語を用いず、「優遇措置（preferential treatment）」という表現を採用したことである。一九九六年の住民投票実施に向けて準備されたＣＣＲＩの提案文書では、カリフォルニア州憲法第一条を以下のように修正することを求めた。

州は、公的な雇用・公教育、公的な契約において、いかなる個人も集団も、人種、性、肌の色、エスニシティ、出身国にもとづいて差別をしたり、優遇措置を認めたりしてはならない。

州憲法の第一条は差別の禁止という基本原則を掲げたものである。この文書のポイントは、住民投票において、アファーマティブ・アクションという政策の是非ではなく、「差別と優遇の禁止」という州政府が守るべき基本原則への是非を問いかけたことにある。しかも、ここでは「差別」と「優遇」が同列のものとして位置づけられ、その目的が何であれ、公的な機関が属性にもとづいて「異なる扱い」をすることを認めないという、中立性やカラー・ブラインド主義に依拠した立場が表明されている。このような言明が、ＡＡの廃止を目的としていることは明らかだったが、「優遇」に全面的に賛成するのが難しい心情を巧みに突いた言葉の選択であった。

住民投票において多数決を獲得するために「優遇措置の禁止」という語法が有効であるこ

とは、当時の世論調査からも明らかであった。ピュー・リサーチセンターが実施した世論調査によれば、一九九五年の調査で「黒人、女性、他のマイノリティがよりよい仕事や教育を得られるように助けるアファーマティブ・アクションのプログラム」に対しては、五八%が賛成を表明していたが、一九九三年に「優遇措置を含めて、黒人やマイノリティの地位を向上させるためにあらゆる努力を行うべき」（傍点は著者）という意見には、六三%が反対していた。AA一般については賛成意見が多い一方で、「優遇措置」という表現が加わると反対意見が多くなる傾向は、今日までの世論調査に一貫して見られる。「優遇」という言葉は、人種間の格差や不平等への問題意識よりも、特定の属性の人びとが手厚く優位に扱われることに対する不公平感を強調する。ピュー・リサーチセンターによる報告書は、「優遇」を、AAへの感情的な反発を刺激し、反対世論を生み出す語として、その頭文字を取って「Pワード」と呼んでいる。

「優遇措置」と呼ぶことで不公平感が喚起される背後には、アメリカの「メリトクラシー（meritocracy）」にもとづく社会観が存在している。メリトクラシーとは、メリット（長所、利点、功績）に優れた人が指導的役割や高い地位を約束される社会のしくみを指している。日本では「能力主義」と訳されることも多いが、ここで重視されるのは能力の有無というよりは「努力と才能によって獲得された業績」である。その人の出自や属性ではなく、達成した業績によって判断することは、アメリカ市民社会の基本原理の一つといえる。

メリトクラシーの社会観からすれば、特定の属性を持つ人びとを対象としたアファーマティブ・アクションが、メリットに依拠すべき判断を歪《ゆが》めているように映る。メリトクラシーの原則のもとでは、黒人であることを理由に白人と同じ教育を受ける機会から排除される二〇世紀半ばまでの人種隔離教育も、ユダヤ系を大学から排除したクオータ制度も、人種やジェンダーなどの属性を考慮する入学者選抜や雇用も、メリットではなく属性による判断を重視する点で問題とされる。「差別と優遇措置」を同列に位置づけて禁止するCCRIの表現は、メリトクラシーを希求する心情によって支えられていた。

「反優遇」運動が引用するキング牧師の言葉

そして、CCRIの「反優遇」のメッセージをさらに効果的にしたのが、黒人実業家ウォード・コナリーの存在であった。コナリーは、シェルビー・スティールと同様に、自身の理想をキング牧師の「私には夢がある」演説に重ねた。彼は、「肌の色ではなく、人格そのもので判断する」ことを、キングと自身に共通する理想であるとして、キングの「公平性への情熱」を称《たた》えた。

コナリーによれば、アファーマティブ・アクションは、一時的な場合にのみ認められるべきであり、一九六四年公民権法から三〇年が経過した一九九〇年代には、政府による「優遇」は不公平な措置でしかない。コナリーは、公民権運動や公民権法の人種平等の理想は、すでにアメリカにおいて達成されたことを強調した。何よりも、貧しく複雑な家庭環境で育ちながらも黒人実業家として成功をおさめたコナリー自身の半生が、その理想を体現していると繰り返した。キングの「公平性への情熱」と多くの人びとの努力によって、アメリカは、自助努力や自立心によって貧困の壁を乗り越える国となった。そのような国では、マイノリティへの「優遇措置」はマジョリティに対する「逆差別」を作り出すだけでなく、コナリーを含む成功したマイノリティの努力を貶《おとし》めるものと見なされる。

さらに、CCRIを支持する保守派の政治家までもが、キングに言及した。もともと公民権改革を批判してきた保守派は、キングに対しても否定的な態度をとってきた。しかし、レーガン政権がキングの誕生日を「国民祝日」と制定するなか、保守派もまた、急進的な黒人運動やその影響を強く受けた多文化主義に対立するものとして、キングの言葉を引用するようになっていた。

たとえば、ピート・ウィルソン知事は、「肌の色ではなく、人格そのもので判断する」ことを「この国を成り立たせる原則」と述べ、「優遇措置」はアメリカの「原則」からの逸脱であると主張した。レーガン政権で教育長官を務めたウィリアム・J・ベネットは、キングは「カラー・ブラインド社会の実現」を理想としていたと述べ、CCRIの採択を「共和党の使命」と語った。CCRIの支持を求めるラジオCMは、キングの「私には夢がある」演説の音声を流し、「すべての優遇措置を廃止しよう」と訴えた。

序章でも見たように、キングは必ずしも差別是正のための特別な措置を否定していなかった。しかし、CCRI運動は、キングの思想をカラー・ブラインドの理想として読みかえることで、アファーマティブ・アクションを、キングが体現したアメリカの理想、そして公民権運動の理想からも逸脱した「極端な優遇措置」であると繰り返し印象づけた。そして、黒人の立場から「反優遇」を訴えるコナリーの姿を、一九六〇年代前半のキングの運動と重ねることで、幅広い支持を集めることに成功した。

CCRIは一九九六年二月には州内の五八郡から一〇〇万件以上の署名を集め、世論調査でカリフォルニア州住民から六六％の支持を得た。同年四月、カリフォルニア州は、CCRIを提案二〇九号として、一一月に実施される住民投票の対象とすることを正式に決定した。

提案二〇九号をめぐる攻防

提案二〇九号の是非をめぐる住民投票に向けて、カリフォルニア州はアファーマティブ・アクション論争の最前線となった。コナリーは、CCRIが掲げる「反優遇」のスローガンを、キング牧師の言葉が体現する「公平性」、国家の中立性、そしてメリトクラシーにもとづくアメリカ社会観と重ねてアピールを続けた。

ただし、コナリーやCCRI運動の主張を額面どおりに受け取ることはできない。たとえば、政治学者のアンドリュー・ハッカーは、一九九二年に著書『アメリカの二つの国民』を出版して、黒人と白人のあいだの格差と不平等の深刻さを報告している。ハッカーによれば、一九八九年の白人の所得一〇〇〇ドルに対する黒人男性の所得は七一六ドルにとどまっており、一九六九年からの二〇年間で二二ドルしか増えていない。黒人の大学進学者は増えたものの、エリート大学での比率は人口比率と比較しても著しく低い。CCRI運動は、この期間にも、アファーマティブ・アクションによって黒人が「優遇」されていたと主張するが、現実には人種不平等の改善からほど遠い状態にある。

AAの効果について慎重に検討する必要はあるが、コナリーが主張するような、人種に関係なく個人の努力次第で成功できる社会の到来を、ここに見出すことは難しいだろう。コナリーが描くメリトクラシーのアメリカ社会像は、自身の経験に根ざした「成功者のバイアス」を多分に含んだものであり、多くの黒人やマイノリティが生きた現実からは乖離《かいり》していたといわざるをえない。

しかし、「差別と優遇の禁止」という一般的かつ道徳的な表現ゆえに、多くの有権者は、提案二〇九号がもたらす帰結を十分に理解しないまま、賛成票を投じてしまう可能性があった。そのため、提案二〇九号に反対する人びとは、この提案が人種マイノリティや女性に対するアファーマティブ・アクションの廃止をねらったものであると、有権者に伝えようとした。たとえば、「フェミニスト・マジョリティ」や全米女性機構（NOW）などの女性団体は、提案二〇九号が女性を対象とするAAも廃止することを含んでいると警告し、反対票を投じるように求めた。

また、理事会によってアファーマティブ・アクションが廃止されたカリフォルニア大学の関係者やマイノリティ団体も、提案二〇九号の阻止を掲げたキャンペーンを行った。とくに、ヒスパニックや黒人など、提案の影響を直接受ける人種マイノリティに有権者登録を促し、草の根の反対票を掘り起こそうとした。提案反対派によるラジオ広告では、白人優越主義団体クー・クラックス・クラン（KKK）の幹部として知られるデビッド・デュークが提案二〇九号に賛成したことを取り上げ、CCRIが人種主義的な背景を持った運動であると強く非難した。

「湾岸戦争の英雄」コリン・パウエルの反対

住民提案二〇九号に反対する運動が幅広い住民の関心を喚起するためには、シンボルとな

統合参謀本部議長時代のコリン・パウエル（1989年）

るような政治家や指導者の訴えも必要であった。しかし、住民投票と同日に大統領選挙を迎える現職候補者のビル・クリントン大統領は、提案二〇九号に反対する意思は示したものの、反対運動へのコミットメントには消極的であった。それは、多数派である白人住民の支持を失うことを危惧しただけでなく、「機会の平等」を重視し「特権を認めない」と繰り返して福祉政策の見直しを主張してきたクリントン自身の政治的信条ゆえの消極性であった。

　そこで反対運動が注目した政治家が、「湾岸戦争の英雄」として一躍注目を集めた、ジャマイカ系黒人移民二世のコリン・パウエル元統合参謀本部議長であった。ＮＡＡＣＰは、共和党員でありながらもアファーマティブ・アクションを擁護する発言をしていたパウエルにアプローチして、提案二〇九号に反対する声明を発するように求めた。

　パウエルは、一九九六年五月にメリーランド州の歴史的黒人大学（ＨＢＣＵ）として知られるボウイ州立大学の卒業式演説で、「過去の世代が到達した進歩は、将来の世代のためにも続けるべき」と述べ、アファーマティブ・アクションの支持と継続を求めた。そして、同年八月の共和党全国大会でも、エイブラハム・リンカン大統領以来の「包摂の党」としての共和党の歴史を強調し、アメリカの多様性とＡＡを擁護する演説を行った。パウエルのメッセージは、保守的な黒人指導者によるＡＡ支持、提案二〇九号への反対表明として注目を集めた。

提案二〇九号をめぐる政治を詳細に取材したジャーナリストのリディア・チャベスによれば、ウォード・コナリーという象徴的指導者と「反優遇」というメッセージのもとで、極右から穏健派まで、草の根運動から著名政治家までに支持を広げたＣＣＲＩ運動と比べると、反対運動は統一的なメッセージを編み出すことに苦心し、人種やジェンダー、教育や雇用などのイシュー別での活動が目立ったという。州を拠点とするわけではないコリン・パウエルによる反対意見表明も、これらをまとめるほどの求心力を持っていなかった。

それでも、一九九五年のロサンゼルス・タイムズによる世論調査では、回答者の約七〇％(白人男性の六八％)は、人種差別は解消されていないと回答していた。「反優遇」運動の勢いは確かだったが、アファーマティブ・アクションの廃止は時期尚早という見方も有力であった。

カリフォルニアの選択とその背景

一九九六年一一月五日、合衆国大統領選挙と同時に、カリフォルニア州では提案二〇九号

表 3-1　カリフォルニア州提案 209 号についての出口調査結果

		総数に占める割合(%)	賛成(%)	反対(%)
全体		100	54	46
性別	男性	47	61	39
	女性	53	48	52
人種／エスニシティ	白人	74	63	37
	黒人	7	26	74
	ラティーノ	10	24	76
	アジア系	5	39	61
政治イデオロギー	リベラル	21	27	73
	中道	47	52	48
	保守	32	77	23

出典：*Los Angeles Times* November 7, 1996.

を含む住民提案の是非を問う住民投票が実施された。州の大統領選挙人をめぐる投票ではCCRIを支持した共和党ボブ・ドール候補に対し、反対した現職大統領のビル・クリントンが過半数の票を獲得して圧勝した。

しかし、提案二〇九号をめぐる住民投票の結果は、提案賛成が五四・六％、反対が四五・四％で、「優遇措置」禁止の提案は承認された。

ロサンゼルス・タイムズ社による出口調査（表3-1）によれば、提案二〇九号の成立を支えていたのは、白人有権者（賛成六三％）、そして男性（賛成六一％）であった。また、人種エスニシティ別で見れば、黒人の七四％、ラティーノ（「ラテンアメリカ系」を指し、「スペイン語系」を意味する「ヒスパニック」と重なる）の七六％、アジア系の六一％が提案に反対していた。州内でアファーマティブ・アクションの対象とされてきた黒人やラティーノだけでなく、アジア系のあいだでも提案への反対が多数を占めたことは重要である。別の世論調査（テレビ局合同調査）では、白人女性のあいだで提案賛成が五八％と多数を占めていたという結果もあり、女性を対象としたＡＡ廃止への危機感は必ずしも共有されていなかった。結局は、投票者の約四分の三（七四％）を占めていたとされる白人住民の選択が、提案二〇九号の結果を左右したといえるだろう。

一方で、興味深いデータもある。前出の出口調査によれば、「女性やマイノリティがよりよい職や教育を得るための民間・公的なアファーマティブ・アクション・プログラムを支持しますか」という質問に対して、回答者の五四％が「支持する」と答えている。「差別と優遇の禁止」を求めた提案二〇九号への賛否とは逆の結果である。

これは、アファーマティブ・アクションという政策の是非ではなく「優遇の禁止」という一般原則を問うコナリーらの戦略が正しかったことを示唆している。出口調査で「リベラル」「保守」それぞれの賛否は明確であったことに対して、「中道」と回答したなかの過半数（五二％）が提案に賛成したことも、それを裏付けているといえよう。政治的志向が明確な層は提案の意味するところを理解して投票したが、イデオロギーを明確に自認しない層では、その一般的な原則への賛否が投票時の選択を促したといえるかもしれない。提案がもたらす政治的・社会的な帰結を有権者に伝えようとした反対派の努力は、実を結ばなかった。

もう少し踏み込んだ表現をすれば、「優遇」を禁止する提案二〇九号のメッセージの受け止め方が、人種によって異なっていたといえる。白人住民の多くは「優遇の禁止」を文字どおりのメリトクラシーの原則を支持するメッセージとして賛同した。アファーマティブ・アクションに明確な反対意見を意識していなくても、小さな違和感を抱える層にとっては、一般的な原則のほうが賛意を表明しやすかった。一方で、人種マイノリティの有権者は「優遇の禁止」が暗示する意味――AAの廃止と人種不平等の維持――を読み取り、これに反対した。また、政治学者C・トールバートとR・ヒーローの研究によれば、人種的に分極化した地域や白人が支配的な地域の白人住民は提案に賛成する傾向が強くなり、人種集団がゆるやかに混在する地域で提案支持は低下したという。地域における人種的な多様性に接することが、提案への態度を変える可能性があることが指摘できる。

提案の結果と他州への波及

提案二〇九号は賛成多数によって承認されたものの、これによって、カリフォルニア州住民が明確にアファーマティブ・アクションを拒絶したと考えることは難しいだろう。住民投票が明らかにしたことは、アメリカのメリトクラシーの原則、キング牧師を掲げて主張されるカラー・ブラインドの理想、そしてコナリーのようなマイノリティ指導者の顔をともなって主張された「反優遇」のメッセージが、白人と非白人のあいだに異なった反応を導いたことであった。「反優遇」の言説は、白人住民の同意を導くことは難しくなかったが、黒人を含む非白人マイノリティには訴求しなかった。

提案に反対した運動側は、提案二〇九号の可決後、すぐにその違憲性を裁判所に問いかけた。一九九六年一二月に合衆国地区裁判所は、提案の実行を一時的に停止する命令を出したものの、翌年四月には第九巡回区控訴裁判所が、提案二〇九号を合憲と判断して、停止命令を取り消した。最高裁も審査を取り下げたため、提案二〇九号による州憲法修正が確定した。「州による差別と優遇の禁止」は、現在もカリフォルニア州憲法第一条三一項において明言されている。

その後のカリフォルニア州におけるアファーマティブ・アクションはどのように変化したのであろうか。州憲法の修正により、州政府機関や州の公共事業における人事や契約において、人種や性にもとづく「優遇措置」と見なされる慣行は廃止された。一九七八年のバッキ判決以後、「クオータ」と見なされる措置を導入することはすでに困難であったが、人種や性別を考慮する多くの措置も禁止事項に含まれることとなった。これは、民間企業・団体を除いた、州によるAAの実質的な廃止を意味していた。たとえば、カリフォルニア運輸局と契約する企業におけるマイノリティ経営企業の割合が、提案二〇九号採択後は三分の一まで減少したという報告もある。

また、一九九五年にアファーマティブ・アクションの廃止を決定したカリフォルニア大学システムでは、猶予期間を設けた後、一九九八年から入学試験や採用試験において、人種を特別に考慮する措置が廃止されることとなった。その効果はすぐにあらわれた。一九九八年のカリフォルニア大学システムへの入学者における黒人・ラティーノ・先住民の「人口に比して過少なマイノリティ（URM）学生」の割合は一五・一％にとどまり、制度廃止が決定した一九九五年の二〇・八％から大きく低下した。とくに、バークレー校では、URM学生の割合が二四・三％から一一・二％へと半減した。

一方で、カリフォルニアでの成功を経て、一九九七年にウォード・コナリーはアメリカ公民権協会を設立し、アメリカ各地のアファーマティブ・アクション反対運動に関与するようになった。一九九八年にワシントン州でも州との契約事業や公立大学での「差別および優遇」を禁止する住民提案二〇〇号を成立させた。また、フロリダ州では、二〇〇〇年にジェブ・ブッシュ知事による命令によって、州内の公立大学での「人種にもとづく入学者選抜」を廃止した。一九九〇年代末から二〇〇〇年代前半にかけて、州や市などの単位でAA廃止を求める住民投票が相次ぎ、「反優遇」の名のもとで、多くの住民が公共事業や大学での特別措置に「ノー」を突きつけた。

まとめ――防戦一方のアファーマティブ・アクション

アファーマティブ・アクションをめぐる状況は、二〇世紀末にかけて、ますます厳しくなっていた。そのおもな要因として、以下の三つを考えることができるだろう。

一つは、連邦政府の撤退である。もともと連邦政府が主導して導入されたアファーマティブ・アクションであったが、一九八一年に成立したレーガン政権以降、連邦政府もまた、AAに対して敵対的な態度をとるようになった。AAを推進してきた連邦機関の長にAA反対派の人物が就任し、予算の削減やプログラムの廃止が相次いだ。また、AAを推進する態度を見せてきた民主党も変わりつつあった。「ニュー・デモクラッツ」を名乗るビル・クリントン政権は、立場上AAを支持する姿勢を見せながらも、そのコミットメントは明らかに消極的であった。多くの政治家や指導者は、連邦政府の介入による人種平等の実現という発想から距離をとるようになった。

第二に、マイノリティからの反対論の登場である。一九七〇年代から黒人社会学者のウィリアム・ジュリアス・ウィルソンは、アンダークラスなどの階級問題の観点から人種に焦点を当てるアファーマティブ・アクションの問題点を指摘してきた。加えて、八〇年代から九〇年代にかけて、本章で紹介したクラレンス・トーマス、シェルビー・スティール、ウォード・コナリーのほかにも、ヒスパニック系のリンダ・チャベス、インド系のディネシュ・デスーザなど、保守的な立場から公民権改革や多文化主義を批判するマイノリティ論客が続出した。マイノリティの立場から発信される、マイノリティにとってもAAが「有害」であるという議論は、「文化戦争」を煽る保守系の政治運動によって頻繁に引用され、とくに白人層におけるAAへの態度に大きなインパクトを与えた。

第三に、司法を主戦場としてきたアファーマティブ・アクションをめぐる論争の舞台が、住民投票という、より民主的とされる場へと広がった。司法においては、合衆国憲法の解釈、歴史的な人種主義への評価、そして差別とは何かについての論理の構築が問われるが、住民投票では、どれだけ多くの有権者の賛意を取り付けるかということが重要になる。住民投票は、たしかに民主的な手続きによる意思決定といえるが、マイノリティをめぐるイシューを扱う場合、直接影響を受ける少数者よりも多数者の意見が反映されやすいという問題も指摘される。また、提案二〇九号での「差別と優遇の禁止」という一般的な原則を掲げることによる成功は、AAそのものの是非を問わずにそれを制限するという、巧妙な手法を広げることになった。

以上の説明は、アファーマティブ・アクション論争が「文化戦争」をいっそう激化させたという印象を強めるかもしれない。しかし、本章が示した姿は、むしろ両義的である。

住民投票による決戦は、有権者一人一人に賛否の決断を求めるものであり、知識人・政治家から草の根レベルまで、賛成派と反対派のあいだの対立、とくに人種による意見の対立は、まったく相容れないものになったように見える。

しかしながら、ＣＣＲＩがアファーマティブ・アクションの是非を問うことを避けて「差別と優遇の禁止」という一般原則への賛否を問うものになったこと、中道的な立場の人びとの投票傾向が提案の採択を決したことからは、ＡＡをめぐる「コンセンサス」の存在もまた見えてくる。それは、「優遇措置」を避けつつも人種不平等や差別への何らかのアプローチが必要とされているという認識である。提案二〇九号の「反優遇」というアプローチはその認識をふまえたがゆえに成功したが、それは、ＡＡを不要とする社会の到来を意味したわけではなかった。

八〇年代から九〇年代にかけて、アファーマティブ・アクションは、さまざまな批判や攻撃にさらされ、防戦一方の状況に立たされた。州政府や大学、あるいは住民投票による廃止など、その継続は困難であるかに思われた。しかし、風前の灯火《ともしび》と思われたＡＡの命運を変える言葉が、この頃からクローズアップされるようになった。それは、バッキ判決の際にＡＡを救った、「多様性」という言葉であった。

第4章　いかに生き残ったのか――二一世紀の多様性革命

1　多様性のためのアファーマティブ・アクションの確立

白人が過半数を割る未来

二〇〇八年二月、ピュー・リサーチセンターによる報告書は、二〇五〇年にアメリカ合衆国における白人人口が四七％となり、過半数を割ると予測した。二〇一〇年のセンサスでは、白人人口は依然として全体の三分の二程度を占めていたものの、四〇年以内に人口上の過半数を占める地位を失うという予測は大きな衝撃を与えた。さらに、二〇一二年には合衆国センサス局も、二〇四三年までに五〇％を下回り、アメリカが「多数派が少数になる国（majority-minority nation）」になると予測した。

このような人口変動の背景には、二〇世紀後半に顕著になったラテンアメリカとアジア出身の非白人移民の急速な増加があった。また、人種間の結婚が広がり、複数の人種的背景を持つ「ミックス」や「多人種系」と呼ばれる人びとの存在がセンサスなどの公式統計でも認められるようになった。一方で、白人のあいだでは高齢化が進み、死亡数が出生数を上回ることによる人口の自然減が指摘されている。人口統計学者ウィリアム・フレイは、この新たな人口動態を「多様性の爆発」と呼んでいる。

二一世紀は、多様性という価値が政治的立場を超えて広く共有される時代として始まった。たとえば、二〇〇一年に大統領に就任したジョージ・W・ブッシュは、連邦政府の要職にマイノリティ出身者を次々と起用した。国務長官に就任したのは、元統合参謀本部議長のコリン・パウエルであった。パウエルは、共和党員でありながらも、カリフォルニア州の提案二〇九号をめぐる論争ではアファーマティブ・アクションの維持を求める立場を表明した（第3章）。また、ブッシュ政権下で安全保障補佐官として活躍し、二〇〇五年から国務長官を務めた黒人女性コンドリーザ・ライスは、その新保守主義的な政治信条で知られた一方で、AAを擁護する発言も伝えられていた。クリントン政権に引き続いて運輸長官に日系アメリカ人男性のノーマン・ミネタを起用したほか、労働長官には台湾出身の女性エレイン・チャオが就任した。二〇〇五年からの二期目の政権では、AAに関わる課題を担当する司法長官を、メキシコ系男性のアルベルト・ゴンザレスが務めている。ブッシュ政権は、レーガン期以降のAAへの慎重な態度を維持したが、その閣僚の顔ぶれには、二一世紀の人種やエスニシティにもとづく多様性が反映されていた。

一方、二〇〇〇年代におけるアファーマティブ・アクションをめぐる動きとしては、一九九〇年代の「優遇措置」廃止を求める住民運動に続いて、その是非を司法に問う裁判が再び注目を集めた。その先駆けとなったのが、一九九六年のホップウッド対テキサス裁判である。一九九二年にテキサス大学法科大学院を不合格になった白人女性シェリル・ホップウッドは、同大学院の人種を考慮するAAを違憲と訴えた。第五区合衆国控訴裁判所は、テキサス大学が、ホップウッドよりも試験の成績が低かった黒人やヒスパニックの志願者を「優遇」したと見なし、これを平等保護条項に反すると判断した。人種的に中立な方法を採用するように命じられたテキサス大学は合衆国最高裁に上訴したが、最高裁は取り上げなかった。

その結果、連邦レベルで憲法違反であるかどうかの判断は留保されたが、控訴裁判所の管轄内であったテキサス州内の大学は、アファーマティブ・アクションの禁止を決定した。一九七八年のバッキ判決では、パウエル判事の個人意見にもとづき「多様な学生集団の形成」のために継続が認められたAAであったが（第２章）、その正当性が再び問われるようになっていた。

危機的な状況のまま二一世紀を迎えたアファーマティブ・アクションは、多様性が新たな価値として定着した時代に、どのように存続してきたのであろうか。その使命は、どのように再定義され、取り組みはどう変わってきたのか。ジョージ・W・ブッシュ政権時代から、多様性時代を象徴する史上初の非白人大統領バラク・オバマ、そして白人優越主義的な志向を隠そうとしないドナルド・トランプ政権にいたる二一世紀最初の二〇年間のＡＡの変貌を追ってみよう。

ミシガン大学をめぐる二つの裁判

一九九六年に起きた二つの出来事――ホップウッド対テキサス判決とカリフォルニア州提案二〇九号――によって、人種を用いたアファーマティブ・アクションの正当性がますます疑問に付されるようになった。バッキ判決における「多様な学生集団の形成」のためのＡＡという考えも、多数派の見解として一致した法廷意見ではなく、パウエル判事個人の意見にもとづいているため、強固な法的基盤を持っているとはいえなかった。

ホップウッド裁判の原告シェリル・ホップウッドを支援した団体「個人の権利センター（ＣＩＲ）」は、判決後すぐに次のアファーマティブ・アクション裁判に着手した。それが、中西部の名門州立大学、ミシガン大学を訴えた二つの裁判である。

一つ目の裁判が、ミシガン大学アナーバー校の学部入試を、一九九五年に不合格になった白人女性のジェニファー・グラッツらが、ミシガン大学リー・ボリンジャー学長を相手に訴えたグラッツ対ボリンジャー裁判である。ミシガン大学では、一九九七年まで白人志願者と非白人志願者を分けて審査する「グリッド制度」が採用されていた。グラッツは、非白人志願者の組（グリッド）であれば合格できた成績であったことから、彼女の人種が合否を分けたと主張し、憲法修正一四条の平等保護条項に反すると訴えた。

また、ミシガン大学は、一九九八年からはグリッド制度を廃止し、非白人学生や貧困層出身の学生に自動的に加点する「ポイント制度」を採用していた。裁判では、グリッド制度とポイント制度の両方の合憲性が問われた。地区裁判所では、グリッド制度については人種によって異なるトラックで判断することが憲法修正一四条に違反すると判断されたが、人種をプラス要素として考えるポイント制度は合憲であると判断された。

バーバラ・グラッター（左）とジェニファー・グラッツ（右）（AP／アフロ）

もう一つの裁判は、一九九六年にミシガン大学アナーバー校の法科大学院の入学試験で不合格になった白人女性バーバラ・グラッターを原告としたグラッター対ボリンジャー裁判である。法科大学院は、学部のようなグリッド制度やポイント制度ではなく、人種を入学選抜時に考慮する要素の一つとして扱う方式を採用していた。法科大学院は、この選抜方式の目的として、多様な学生集団の形成を掲げていた。地区裁判所は、ホップウッド判決をふまえ、多様性の獲得は「やむにやまれぬ利益」とはいえず、(AAのような)「差別的な」扱いを擁護しないと結論づけた。

さらに、巡回第六区裁判所でも二つの裁判について再検討されたが、グラッツ裁判については結論に達せず、グラッター裁判では地区裁判所の判決を支持した。その後、CIRの上訴を受け、合衆国最高裁判所は二つの裁判を扱うことを決定した。「多様性の実現」を目的とするアファーマティブ・アクションは、バッキ判決においていったん認められたものの、最高裁が審議しなかったホップウッド判決によって、その判断は宙づり状態になっていた。ミシガン大学の入試制度をめぐる二つの裁判は、AAの合憲性についての何らかの判断が下される可能性が高いことから注目を集めた。

人種を考慮する入学者選抜制度への不満

裁判において、ミシガン大学側はバッキ判決の際にパウエル判事が提起した「多様な学生集団の実現」を追求するという立場から、それぞれの入学者選抜制度を正当化した。同大学は一九八八年に「ミシガン行動指針」を発表し、高等教育における学術的な卓越性の獲得のためには「人種やエスニシティの多様性」を尊重することが不可欠であり、大学の使命を「アメリカという国としての多元的・多文化的なコミュニティのモデル」となることであると位置づけた。大学は、この方針をふまえて、アファーマティブ・アクションを含む入試制度によって、アフリカ系アメリカ人、ヒスパニック、先住民などの歴史的に入学者が少なかった集団の学生の入学を促し、多様な学習環境を実現するべく努力してきた。

ミシガン大学では、グリッド入試を採用した学部や人種を考慮する入学者選抜を行ってきた法学大学院などによる努力の結果、一九九七年の入学者における非白人学生の比率は二五％に達した。しかし、その多様性の実態は、アファーマティブ・アクションを支持する側、反対側の双方にとって満足のいくものではなかった。まず、当時の州人口の一四％を占める黒人学生の割合は八％に過ぎなかったため、AAへのさらなる取り組みが必要だと考えられた。その一方で、アジア系（入学者の一〇％）とヒスパニック（同六％）がそれぞれ人口よりも高い割合で入学し、州人口の八三％を占める白人の入学者数が四分の三に抑えられていた。そのため、白人住民のあいだにもAAに対する不満が広がっていた。

裁判では、多様性を追求してきた入試制度が、白人であることによって不利な扱いを受ける「逆差別」ではないのか、そして、それが合衆国憲法修正一四条に合致しているかどうかが問われた。CIRが支援する原告側の主張は、バッキ裁判、提案二〇九号、ホップウッド裁判でも繰り返されたように、人種を考慮する入学者選抜制度が、人種的な「優遇措置」として実質的に機能しており、憲法や公民権法のカラー・ブラインドや中立性の原則を侵害しているというものであった。そして、この裁判を通して、「多様性の追求」という目標が、人種によって異なった扱いを許容する「やむにやまれぬ利益」に適っているのかが議論された。

多様性の「やむにやまれぬ必要性」を訴える大学

大学側はこの裁判を、多様性の追求という理想にもとづいて、来るべき多文化のアメリカ社会のあり方を提起する機会と位置づけた。一九九八年に、ミシガン大学は、グラッツ裁判とグラッター裁判への意見表明の一つとして、大学における多様性が必要とされる歴史的・社会的背景とその実質的な効果を示す報告書『高等教育における多様性のやむにやまれぬ必要性』を発表した。

報告書は、法学、教育学、歴史学、心理学、社会学などの各分野の専門家による「専門家報告」によって構成されていた。各報告は、ミシガン州における人種的な不平等の歴史と、そのような歴史的条件のもとにある州立大学における多様性の追求が、いかなる効果をもたらしてきたかを議論した。まず、デトロイトにおける黒人コミュニティの変遷を調査してきた研究者トーマス・スグルーは、二〇世紀のミシガン州における人種隔離や人種間格差の現状について説明した。さらにアメリカ史の大家エリック・フォーナーは、一七世紀以来のアメリカの歴史において「人種」がいかに決定的な役割を果たしてきたかを議論した。とくに、黒人をはじめとする人種マイノリティが直面する現在の不平等が、いかに歴史的な条件によって形づくられてきたかを解説した。

また、多様性が大学教育にもたらす影響については、一九八八年までプリンストン大学の総長を務めてきたウィリアム・G・ボウエンによる専門家報告が提出された。ボウエンは、高等教育における多様性の擁護者として知られた経済学者で、バッキ判決におけるパウエル判事の意見のなかで、多様性の効果についての意見が引用された人物であった。また、ミシガン大学のような難関大学の入試においては、志願者の「入学する権利」よりも、多様な学生が学ぶ環境を用意するという大学側の使命と義務を尊重すべきであると主張した。

そして、ボウエンは、難関大学の大学生六万人を対象とした調査から、「多様性は、マジョリティとマイノリティ両方のすべての学生にとって利益をもたらす」と結論づけた。彼は、大学教育の質は、個人として優れた指標を持つ学生を集めるだけでなく、多様性に満ちた環境が優れた学生集団にさらなるプラスの効果をもたらすことで、より高まると考えていた。その考えにもとづき、多様な学生集団を作るという大学の使命のために人種やエスニシティを入学者選抜の基準の一つとすることを擁護した。ボウエンの報告は、ゼネラル・モーターズ社やコカ・コーラ社などの大企業のトップが、多様な社員が作り出す職場が革新的なビジネスに不可欠であると発言していることも強調した。教育でもビジネスでも、多様性の実現こそが、成功を左右する要因とされた。

さらに、ミシガン大学の心理学教授のパトリシア・グリンは、ミシガン大学を含む大学生への調査をもとに、多様な学生によって構成される教育がもたらす実質的な効果について報告した。グリンによれば、多様な学生を多く含む教室環境での学びを経験することや、異なった人種的背景を持つ学生と関わることで、能動的な思考への強い関与、知的活動への動機づけの促進、知的・学術的なスキルにおける成長がもたらされるという。その効果は、白人学生にも肯定的な影響を及ぼし、それまで同じ人種の人びとに囲まれた環境で学んできた学生の思考や行動のパターンを変える可能性があることが指摘された。グリンは、それを多様化が進むアメリカ社会における民主主義を担うのに必要な能力であると結論づけた。

このようにミシガン大学は、グラッツ、グラッターの二つの裁判を通して、人種的に多様な教育環境を作ることが、学生たちだけでなく、アメリカ民主主義と資本主義の未来にとって不可欠であるということを強調した。ここでは、バッキ判決の時代にはまだ不明瞭であった多様性の効能が、はっきりと示された。裁判論争は、入試において人種を扱うことの是非だけでなく、アメリカにおける多様性という価値の優先順位を問うものになっていた。

バッキ判決以来の憲法論争の決着

二〇〇三年六月二三日、連邦最高裁はグラッター対ボリンジャー裁判、グラッツ対ボリンジャー裁判に、それぞれ判決を下した。まず、人種を評価基準の一つとして考慮する法科大学院の入試制度をめぐるグラッター対ボリンジャー判決は、バッキ判決におけるパウエル判事の意見を支持した。「人種」というカテゴリーを使用する際の厳格審査の結果、法科大学院は「多様な学生集団を実現する」という「やむにやまれぬ利益」を有し、人種を考慮の一つとする入試制度は十分に「狭く策定された」制度であると判断し、最高裁判事九名のうち五名が合憲性を認めた。グラッター判決は、人種を考慮する入学者選抜を違憲としたホップウッド対テキサス判決の結果を撤回し、多様性を実現するためのアファーマティブ・アクションの合憲性を確認した。ここに、バッキ判決以来、不安定な足場のもとで継続してきた多様性のためのAAの法的な正当性が確定した。

一方で、学部における入試制度をめぐるグラッツ対ボリンジャー判決は、一九九七年までのグリッド制度だけでなく、一九九八年以降に採用されたポイント制度もまた、平等保護条項に違反すると結論づけた。判決は、厳格審査を通して、自動的な加点制度について、人種を用いる際にできるだけ「狭く策定された」やり方とはいえないと判断した。ただし、グラッター判決にも言及して「多様性の実現」を高等教育機関における主要な目標とすることについては支持した。グラッツ判決が問題としたのは、グリッド制度にせよポイント制度にせよ、入試において人種の違いが合否に決定的な力を持ってしまうことであった。

グラッター判決およびグラッツ判決は、大学側が主張した「高等教育における多様性の必要性」の主張を、おおむね認めた。ただし、そこで実施できるアファーマティブ・アクションの幅はさらに狭くなった。人種のみを理由に自動的に加点するしくみについては、それが多様性の実現という目的のためであったとしても認められなかった。人種は、個人の能力や適性を測るうえでの「数ある要素の一つ」でしかないこと、多様性とは、人種やエスニシティに制限されることなく、階級、ジェンダー、出身地域などを含めた概念であることが明確化されたといってよいだろう。このようにして、「はじめに」（ii頁）で言及した穏健なAAの取り組み③（入学者選抜の際に、高校の成績、統一テストの成績、出身地域、親の所得・学歴などとあわせて、志願者の人種を考慮すること）が、多様性時代のAAの手法として確立した。

また、もう一点指摘しておくべきなのが、判決文のなかに人種を考慮したアファーマティブ・アクションの「有効期限」についての言及があることだ。グラッター裁判の多数派意見において、サンドラ・D・オコナー判事は、バッキ判決から二五年が経過したことに触れ、

「私たちは、今日から二五年のあいだに、今日認められた［多様性の実現という］利益を進めるために、人種的な優遇という手段を使う必要がなくなることを期待する」（［　］内は著者）と述べた。二五年という期間に具体的な根拠はなかったが、クラレンス・トーマス判事による反対意見は、「最高裁は、高等教育入試における人種差別が二五年以内に非合法となると判決したことに合意する」と述べ、AAの「非合法化」までに二五年という「期限」が設定されたと主張した。両者の表現には差があるが、グラッター判決では、多様性を実現するためのAAもまた、時限的な「やむにやまれぬ」手段であることが強調された。

このようにいくつかの制限を付与しつつも、グラッター判決は、多様性という価値を実現することが、社会として共有すべき理念・目標であり、高等教育における多様性のためのアファーマティブ・アクションをそのための正当な手段の一つとして認めた。これまで「逆差別」や「優遇措置」と見なされて瀕死《ひんし》の状態にあったAAであったが、多様性という目標を確実なものとすることによって再度、その正当性を主張することに成功したのである。

ただし、多様性のためのアファーマティブ・アクションという成果を勝ち取ったミシガン大学では、人種を考慮する入学者選抜は長く継続しなかった。ミシガン州でも、二〇〇六年にカリフォルニア州と同様の住民提案二号によって、「差別と優遇措置の禁止」が住民投票に問われた。この提案団体の事務局長をジェニファー・グラッツが務め、ウォード・コナリーがブレーンとしてこの活動を支えた。一一月の住民投票の結果、州憲法の修正提案が賛成多数（五八％対四二％）で可決し、ミシガン州内の公立大学でAAが禁止となった。最高裁判決によって合憲とされたミシガン大学のAAであったが、結局は、住民運動によって廃止へと追い込まれてしまった。

2　企業の取り組みはどのように継続してきたのか

企業の裁量と二つのリスク

本書では、人種に関わるアファーマティブ・アクションの代表的な取り組みとして、大学と企業の取り組みに注目してきた。多様性の実現という新たな目標は、大学入試だけでなく、企業が主体となった雇用におけるAAのあり方も変えた。

雇用におけるアファーマティブ・アクションは、一九六〇年代に連邦政府主導で進められ、一九七〇年代には企業における募集・雇用・昇進などを統括する人事制度のなかに組み込まれるようになった。とくに、一九七九年の全米鉄鋼労働組合対ウェーバー判決（第2章）が企業による自発的なAAを擁護すると、大企業では専門的な人事担当部局が設置され、機会均等への社会的要請に応える取り組みが実施された。

アファーマティブ・アクション実施における企業の裁量が広く認められたとはいえ、大企業は二つのリスクを考慮する必要があった。一つは、人種マイノリティや女性などの当事者や雇用機会均等委員会（EEOC）による雇用差別の告発リスクである。これは、訴訟や賠償のコストだけでなく企業の評判にも関わったため、各企業は採用・訓練・昇進機会において自発的にAAを取り入れて回避しようとした。もう一つは、白人による「逆差別」告発のリスクである。人事コンサルタントは、企業の裁量が認められたとしても、「逆差別」訴訟を避けるためにはクオータの導入は避けたほうがいいと助言していた。結局、企業主体のAAは、機会均等と企業コンプライアンスの名のもと、企業内の人種やジェンダー・バランスを考慮した採用や昇進機会の提供、特別な訓練プログラムの用意などの穏健な取り組みに落ち着くことが多かった。

一九八〇年代のロナルド・レーガン政権期の連邦政府は、労働政策や公民権関係の連邦機関への予算を削減し、差別的な人事に対する管理や規制を緩和した。しかし、社会学者のフランク・ドビンによれば、一九八〇年代の人事コンサルタントや研究者らが「多様性マネジメント」という考え方を導入することによって、既存のアファーマティブ・アクションは再定義され、さらに継続・拡大した。多様性マネジメントとは、女性や人種マイノリティを含む多様なメンバーによる組織を作り、高いパフォーマンスを発揮するように運営する人事管理の手法を指している。

多様性マネジメントとジェンダー平等の追求

多様性マネジメントの前提には、異なった視点や経験を持つメンバーの存在が、組織の創造性を高め、多様な顧客に適したデザイン、製品、サービスの提供を可能にするという考え方があった。社会が多様化するなか、多様な人員を活用できない企業は生き残ることができない。このような経営理念は、一九八七年にシンクタンクのハドソン研究所が労働省の諮問のもとで発表した報告書『ワークフォース二〇〇〇』を通して広まった。報告書では、「人口統計は運命だ」という声明のもと、人口の多様化に適応した労働力の活用、とくに黒人やヒスパニックを組織のなかに統合する必要性が強調された。

多様性マネジメントが想定する「異なった視点や経験」のなかにはジェンダーの相違も含まれている。一九七〇年代以降、アファーマティブ・アクションの対象として、職場や教育現場での女性の包摂を促進する取り組みがなされてきた。アメリカにおけるAAの主要な関心は人種にあり続けたが、その恩恵をもっとも受けたのは白人女性であったといわれている。アイビーリーグなど名門私立大学の多くは、一九七〇年代まで女性の入学を認めていなかった。しかし、「セブン・シスターズ」と呼ばれる名門女子大学などを基盤に教育機会に恵まれていた白人女性にとっては、名門大学の共学化や専門職・経営管理職への登用は、大幅な機会の拡大を意味していた。エリート教育や大企業の上級職へのアクセスが開かれた結果、経営管理職における白人女性の割合は、一九八〇年の二七・一％から一九九〇年には三五・三％まで増加した。ただし、それをAAの効果と呼ぶことができるかどうかには議論がある。AAだけでなく、性差別的な慣習の撤廃、性別分業を当然としない考えの広がり、人事担当部局における女性の割合の増加など、白人女性の状況改善を助ける要因は、いくつか挙げられる。

司法も、女性の包摂を支援した。最高裁判所によるジョンソン対サンタクララ郡運輸局判決（一九八七年）では、不平等が存在してきたポジションにおいて、同等の能力を有する男女の候補者がいた場合に女性を昇進させることは、男性候補者への権利侵害とならないと結論づけた。ただし、昇進のために考慮すべき多くの要素の一つに性別を含めることを認めたものであり、性別もまた、職場を構成する多様性の一つとする考え方を反映していた。

そのため、多様性マネジメントの課題のなかにも、既存の性別分業を前提とせずに、男性も女性も能力を発揮できる環境整備が含まれるようになった。就業時間を柔軟に扱うフレックス・タイム制の導入、託児費用の負担、ワーク・ファミリー・バランス担当職員の常設などが、一九八〇年代から九〇年代にかけて広がった。

多様性マネジメントの登場は、企業が実施するアファーマティブ・アクションの意味を変えた。雇用におけるAAは、過去の差別的雇用に対する補償や不利な立場にあるマイノリティのための機会均等を目的として実施されてきた。これに対して、多様性マネジメントは、グローバル化・多様化する市場を想定して、多様な経験に裏付けられた創造性や革新性を効率的に発揮するための包括的な人事プログラムとして再定義されている。その内容も、人種マイノリティや女性の被雇用者の増加だけでなく、企業としてのステートメントの作成、職場における偏見や差別的言動について学ぶ多様性トレーニング、多様な経験をふまえた評価システム、従業員による異議申し立て制度など、メンバーの多様性を反映した企業環境の形成を目的とした取り組みが中心となった。

「多様性・公平・包摂（DEI）」の広がり

二〇〇三年のグラッター判決により大学での多様性のためのアファーマティブ・アクションが定着し、雇用におけるAAが多様性マネジメントへと転換するなか、これらを包括するビジョンとして提起されるようになったのが、「多様性・公平・包摂（Diversity, Equity, and Inclusion)」である。一般的には頭文字をとって「DEI」と略記されることが多い。

DEIには、多様性に加えて、公平さと包摂という理念が追加され、多様なメンバーにその出自や属性に関わりなく対等な参加を促すという含意がある。DEIは、人種だけでなく、ジェンダー、セクシュアリティ、障害などの多様な背景を持つ人びとを、公平性を確保した条件のもとで、組織や社会への包摂を保障するための広範な取り組みとして、政府などの公的機関、民間企業、大学などの教育機関に広がっている。日本では、「ダイバーシティ&インクルージョン（D&I）」という表現も定着しつつあるが、アメリカでは、平等を確保するための積極的な補償や措置を含意する「公平」の語を含めたDEIという語が広く使用されている。

大学でも、とくにグラッター判決の後、教職員、カリキュラム、そして学生集団における多様性の追求は重要なアジェンダとなり、多様性を担当する部局や専門職員を配置するようになった。二〇〇五年には、多様性担当職員による全国組織が設立され、多様性を追求するための大学ごとの情報交換やグッドプラクティス（優れた実践）の共有も進んでいる。

大学におけるDEIのための取り組みとしては、多様な学生集団の形成だけでなく、障害のある学生のための支援、多様性に配慮したカウンセリングの実施、マイノリティや貧困層出身の学生への奨学金など、さまざまな取り組みが含まれている。さらに、企業と同様に、教職員を対象にした多様性トレーニングも広く導入されており、教室や大学生活における偏見や差別についての知識を広める努力も続いている。大学入試で行われている多様性のためのアファーマティブ・アクションも、このようなDEIを追求する取り組みの一つとして再定義されている。

また、企業や大学ではDEIへのコミットメントが、外部からの評価基準の一つとして定着している。現代の企業は、DEIの実現が、投資家の関心を集め、企業としての価値を高めると考えている。たとえば、IT分野の新興企業が多く参加する株式市場ナスダックは、二〇二一年八月に、上場企業に役員の多様性の情報開示を求め、女性、人種マイノリティ、性的マイノリティの取締役を少なくとも二名選任することを義務づけた。大学ランキングを含む大学の外部評価においても、教員や学生における人種、階級、出身地域、ジェンダー、国籍などの多様性は、重要な要素となっている。

一方で、多様性マネジメントにせよ、DEIにせよ、これらは社会正義や反差別の理念を、新自由主義的な組織経営の枠組へと読みかえた側面があることには注意が必要だ。人種マイノリティは、組織の多様性を構成する重要な要素の一つと見なされ、企業経営者や役員にマイノリティや女性の登用を求める声が高まっている。しかし、その動機づけにあるのは、グローバルな人材獲得競争において優位に立ち、グローバル市場で企業として、そして高等教育機関としての価値を高めるという新自由主義的な組織論である。そのため、多様性マネジメントやDEIは、優れた能力や実績を持つマイノリティへの関心は高いが、歴史的な貧困や不平等の構造を改革することや、その犠牲となっている人びとを長期的かつ包括的に支援することには結びつきにくい。

3　オバマ政権による支援、トランプ政権からの敵視

多様性が優位となったオバマ時代

二一世紀のアファーマティブ・アクションを支えた多様性の理想は、多くのアメリカ人に共有されている。たとえば、二〇一九年に実施されたピュー・リサーチセンターの調査によれば、「人種やエスニックな多様性」をアメリカにとってよいことと見なす回答は、全体の七七％にのぼる（「たいへんよい」五七％、「よい」二〇％）。その傾向は、白人（七五％）、黒人（七五％）、ヒスパニック（八〇％）と、異なる人種エスニック集団のあいだでも極端な差はない。ＡＡに否定的な意見を持つことが多い共和党支持者のあいだでも、六五％が多様性そのものを「よい」と考えている。また、職場における多様性に対してもほぼ同じ傾向が見られ、回答者の七五％が「企業や組織における多様性の推進」を肯定的に評価している。

グラッター判決で確立した法的基盤のもと、多様性のためのアファーマティブ・アクションは二一世紀の最初の二〇年間にわたって維持されてきた。一方で、一九九〇年代から二〇

〇〇年代にかけて各地でAAの廃止をもたらしてきたウォード・コナリーらによる「反優遇」の住民投票運動は、二〇〇六年にミシガン州で優遇禁止を成立させたものの、二〇〇八年にコロラド州とミズーリ州で失敗したことによって、一時の勢いを失った。

バラク・オバマ大統領

二〇〇九年にアメリカ史上はじめての非白人大統領となったバラク・オバマは、自他ともに認める多様性時代の象徴であった。ケニア出身の父親と白人の母親を持つオバマは、大統領就任演説でアメリカの「多様性こそが私たちの強み」と語り、そのアメリカ像の中核に、平等や権利のために闘った人種マイノリティ、女性、性的マイノリティの人びとの歴史を位置づけた。

オバマ政権は、多様性のためのアファーマティブ・アクションを積極的に支援した。たとえば、二〇一一年に司法省と教育省は、グラッター判決の内容を吟味したうえで、小学校から大学・大学院までの教育機関で「やむにやまれぬ利益」である多様性を実現するためのガイドラインを作成した。ガイドラインは、入学から卒業までの各段階において、各教育機関が「自発的に」人種を用いることができる条件を明示し、人種を含めた選考方法からマイノリティ学生の入学後のサポート・プログラムまで、多様性という目的を達成するための措置の具体例を挙げた。ジョージ・W・ブッシュ政権時代は、同様のガイドラインで「人種的に中立的な方法」が奨励されていたが、オバマ政権はこれを「人種の自発的な使用」を支援するものへと置き換えた。

フィッシャー対テキサス大学判決

グラッター判決による確認を経て、一度はホップウッド判決によって人種を用いる入学者選抜が廃止されていたテキサス大学でも、多様性のためのアファーマティブ・アクションが再開された。しかし、二〇〇八年にテキサス大学を不合格になった白人女性のアビゲイル・フィッシャーは、反AA訴訟の原告となる学生を募集していた白人活動家エドワード・ブラムの支援を得て、テキサス大学の人種にもとづく入試が憲法違反であるという訴えを起こした。この裁判の審議は、最高裁まで持ち込まれ、二〇一三年にテキサス大学の入試制度を厳格審査の対象とした判決によっていったん差し戻された。そして、二〇一六年六月二三日に、最高裁による判決が言い渡された。

フィッシャー対テキサス大学判決は、人種を一つの要素として使用したテキサス大学の入学者選抜制度を、グラッター判決と同様に、憲法修正一四条の平等保護条項に反していないと結論づけた。判決によれば、テキサス大学の制度は、教育における多様性を達成するという州の利益のために、できるだけ狭く設定されたものであり、ほかに有力な方法もないとして、厳格審査を通過できると判断した。テキサス大学の入試では、人種は「一要素のなかの一要素のなかの一要素」に過ぎず、機械的にプラス評価されるのではなく、出願者の経験を構成する要素の一つとして文脈化されていた。よって、人種は、合否を決定づける主要因として使用されているのではなく、多様性のなかの一部分と見なされた。

フィッシャー判決は、アファーマティブ・アクションの基準としてはいっそうの厳格化を進めることになった一方で、多様性という理想の追求が高等教育における重要なミッションであり続けていることを示した。

トランプ現象と白人の「被害者」意識

しかし、フィッシャー判決の約五ヶ月後、多様性の理想とは正反対と思われた人物が大統領選挙に勝利した。当初は泡沫《ほうまつ》候補と見られていたものの、メキシコ出身の移民の排除を訴えて注目を集め、アファーマティブ・アクションにも公然と反対してきた実業家ドナルド・トランプである。二〇一六年大統領選挙で、アメリカ初の女性大統領を目指したヒラリー・クリントンを破ってトランプが当選したことは、驚きをもって迎えられた。選挙戦の渦中でも、トランプは、移民を敵視する発言を繰り返し、障害者を嘲笑し、女性へのハラスメントも次々と明らかになった。多様性という規範にもっとも反した政治家の一人が、なぜ多様性優位の時代に支持を集めることができたのか。トランプ支持の背景の一つとして、しばしば言及されたのが、アファーマティブ・アクションに対する白人層の態度であった。

二〇一六年大統領選挙でトランプ当選に大きな影響を与えたのが、白人労働者層の支持であったことは、すでに多く指摘されている。とくに東海岸から中西部にいたる「ラストベルト」と呼ばれる地域の白人労働者が、従来の民主党支持を離れてトランプおよび共和党を支持したことが、ペンシルバニア、オハイオ、ミシガンなどの激戦州を制して大統領選を決する重要な契機になった。

ドナルド・トランプ大統領

トランプ支持者の特徴の一つといえるのが、白人としての「地位低下」や「被害者」としての意識である。公共宗教研究所（PRRI）による世論調査によると、「白人に対する差別は、黒人や他のマイノリティに対する差別と同様に問題である」と考える人びとは、二〇一一年に白人の過半数（五一％）、共和党支持者では六〇％を占めるようになった。さらに、大統領選挙直前の二〇一六年には、同じ意見を持つ人びとの割合は、白人の五七％に増加し、とくに白人労働者階級では六六％、トランプ支持者では八一％にまで達した。トランプ支持者のあいだでは、白人もまた他のマイノリティと同様に「差別の被害者」であり、白人への「逆差別」が深刻な問題であると認識されていることがわかる。

このような意見の背景には白人の人口比率が減少し、二〇四〇年代までには過半数を下回る予測が広がっていることがある。アメリカが非白人によって乗っ取られるという「リプレイスメント」と呼ばれる考え方も、白人の優越性を信じる「白人ナショナリスト」グループを中心に、ソーシャル・ネットワーキング・サービス（SNS）などを介して広がっている。

白人保守派が描く「物語」

白人が「被害者」としての意識を形づくるうえで、アファーマティブ・アクションをめぐる話題が重要な役割を果たしている。アメリカ南部ルイジアナ州で白人労働者層への聞き取りを行った社会学者アーリー・R・ホックシールドの著書『壁の向こうの住人たち』（二〇一六年）によれば、白人労働者たちのあいだで、次のような「物語」が共有されているという。

見ろ。前のほうで列に割り込もうとしている人がいる。ルールを守っているのに、あいつらはお構いなしだ。割り込まれると、自分が後ろに追いやられているような気分になる。なんでそんなことができるのか。あいつらは誰だ。黒人もまじっているようだ。連邦政府が押しつけるアファーマティブ・アクションで、あいつらはいつも優遇されている。大学、職業訓練、仕事、福祉の給付、無料の昼食サービスでも優先権が与えられている。人びとの心のなかにも、何か秘密の場所を占めている。

この語りの内容は、二一世紀のアファーマティブ・アクションの現実の姿を反映しているとはいえない。本書で見てきたように、AAは厳しい制約を課せられており、白人を犠牲にして黒人を大学や企業に送り込んでいるというのは誇張された「神話」である。難関大学での黒人学生の比率は、依然として人口比率を大きく下回っているし、黒人の年間世帯所得の中央値は白人の六割にも満たない。

しかし、鉄鋼やエネルギー産業の衰退で不安定な生活を余儀なくされる白人労働者層にとって、アファーマティブ・アクションは自身の不安や不満をぶつける格好の標的となっている。一九七〇年代に白人のあいだで事実上継承されてきた年功序列ルールを反故《ほご》にされたブライアン・ウェーバー（ウェーバー裁判の原告、第２章を参照）や、白人であることを理由に不合格になったと大学を訴えたアラン・バッキ（第２章）やバーバラ・グラッターのような例は、背景にあった人種不平等の存在を無視したまま、「白人差別の物語」として語り継がれてきた。

そして、白人保守派の労働者の「物語」にとって、バラク・オバマとその家族は、アファーマティブ・アクションによる「優遇」と白人に対する「逆差別」の象徴となる。

オバマが大統領になって、どれだけみじめな気分になったんだ。もっと大きな特権を持っているはずなのに。そもそも、オバマの成功がフェアだっていうのか。彼がどうやってコロンビア大学みたいな金のかかるところに行けたのか。どうやってプリンストンに行けたのか。市の水道局で働いている男の娘なのに。ミシェル・オバマはどうやって彼女はハーバード・ロースクールに行けたのか。おれたちの近くにはそんなやつはいない。連邦政府が彼らに金を与えたに決まっている（傍点は原文でイタリック表記）。

たしかに、両大学のアファーマティブ・アクション政策が、バラク・オバマと妻のミシェル・オバマの大学院進学を助けた可能性は高い。もちろん、両大学とも高い学力や実績を選考基準に設定しており、奨学金も（人種に関係なく）家族の経済状況に応じて設定されている。黒人学生に「連邦政府が金を与えた」という表現は正しいとはいえない。しかし、ホックシールドによれば、現代の白人労働者階級は、自分たちの待遇が、黒人、女性、移民、難民、そして環境のために保護される動物よりも低いと考えている。彼らの「物語」のなかでは、原油流出事故で被害を受けたペリカンのほうが、白人よりも「優遇」されているという。そして、連邦政府は、「この国を本当に偉大にしてきた人びと」である白人男性労働者をないがしろにする政策を進める存在として、敵視されている。

白人層の不満と「アメリカを再び偉大に」のメッセージ

アファーマティブ・アクションは、とくにレーガン政権期以降、保守派による白人の不満をかき立てる題材として政治問題化されてきた。その傾向がとくに顕著になったのは、オバマ政権期における草の根保守運動とされるティーパーティ運動の登場である。連邦政府の権限強化を非難するティーパーティは、AAを連邦政府が積極的に推進する「白人差別政策」として取り上げてきた。

政治学者のアシュレー・ジャルディナによれば、白人保守層のなかでも、とくに黒人に対して人種的な不公平感にもとづく敵意を有する人びとのあいだで、アファーマティブ・アクションへの反対論が顕著であるという。実態からはかけ離れたAAをめぐる「物語」が、「被害者」としての意識や人種マイノリティに対する不公平感を煽り、保守的な政治運動を支えてきた。

　近年のＤＥＩの広がりも、白人労働者の地道な労働や生活からかけ離れた、リベラルなエリートによる「政治的な正しさ（ポリティカル・コレクトネス）」を押しつける運動と見なされる傾向がある。名門大学や大企業が多様性を推進する旗振り役を担っていることも、白人労働者が、自分たちを貶める運動としてＤＥＩを見なすことを後押ししてしまう。ＡＡを「逆差別」「優遇措置」として拒絶してきた白人たちにとって、ＤＥＩもまた、人種的な不公平感や「被害者」意識をかき立てるものであった。

　トランプを支持する白人が語るアファーマティブ・アクションやＤＥＩの像は、これまでの保守運動が描いてきた「曲解」を繰り返している。これらの像からは、歴史的に作られてきた人種不平等のなかで苦しむ黒人や人種マイノリティの姿は消え去り、ＡＡやＤＥＩの背後に、「鼻持ちならないリベラル・エリート」と「オバマ家」に象徴される一部のマイノリティ・エリートへの敵意を重ねる。そのような対立構図のもとで、一部の白人たちは、過去の「特権」には無自覚なまま、現状の「不公平さ」に憤っている。

　白人が少数派となるかもしれない未来への不安と、多様性優位の時代への不満を抱えた白人労働者層のあいだでは、ＤＥＩへの敵意は、「正当な怒り」として、そして「リアルな心情」として共有されている。トランプが語る「アメリカを再び偉大に」というメッセージは、白人を「この国を本当に偉大にしてきた人びと」として復権させる約束として、受け止められた。

トランプ政権の慎重な動き

二〇一七年一月に成立したドナルド・トランプ政権は、当初の予想どおりアファーマティブ・アクションに反対する立場を鮮明にした。トランプ政権下の司法省では、公民権政策に関わる人員を整理して、大学におけるAAを「大学入試における意図的な人種差別」として告発することに注力していると報じられた。多様性のためのAAを支持してきたオバマ政権期の司法省からは、一八〇度の方向転換であった。

その象徴的な行動として、二〇一八年七月に司法省と教育省は、オバマ政権時に策定された多様性のためのアファーマティブ・アクションのガイドラインを「憲法が定めたものを逸脱する行為」として廃止した。それに代わって、ブッシュ政権時の旧ガイドラインが採用され、教育機関に対して「人種的に中立的な方法で」入学者の選抜を行うように「強く推奨」した。このガイドラインの変更によって、デューク大学などいくつかの大学は「様子を見る」としたが、多様性のためのアファーマティブ・アクションの長い歴史を持つハーバード大学は、「大学入試で考慮する要素の一つとして人種を使用することは、すべての大学に認められた権利である」として、トランプ政権によるガイドラインの適用を拒否した。

各省の政策の転換は、行政機関内の命令や決定にもとづいて進めることができるため、比較的容易であった。一方で、より劇的な転換が期待できる司法におけるアファーマティブ・アクションの告発については、トランプ政権は慎重であった。二〇一六年のフィッシャー対テキサス大学判決でも、人種を一つの要素として考慮する方式の合憲性が支持され、多様性のためのAAの合憲性の判断を覆すのは容易ではないと考えられていた。そのなか、司法省が注目したのが、次章で検討するハーバード大学とノースカロライナ大学の入試をめぐる裁判であった。両大学の人種を考慮する入学者選抜をアジア系の出願者に対する差別であるとする主張は、新しいタイプの反AA裁判と見なされ、司法省も調査を重ねていた。

ブラック・ライヴズ・マター運動と最高裁判事の交代劇

二〇二〇年、新型コロナウイルスのパンデミックに加えて、人種平等や多様性をめぐる動向を大きく揺るがす出来事が起きた。五月二五日、ミネソタ州ミネアポリスで黒人男性ジョージ・フロイドが白人警察官の暴力的な取り締まりによって死亡した。二〇一四年ごろから黒人の命や生活を脅かす人種主義や不平等に対して抗議してきたブラック・ライヴズ・マター（BLM）運動が、この事件をきっかけに全米に広がった。

ＢＬＭ運動を通して、アメリカ社会における制度的人種主義の現実にあらためて注目が集まった。たとえば、二〇二〇年一一月の段階では、新型コロナウイルスに感染して黒人が入院する確率は白人の三・七倍、死亡する確率は白人の二・八倍であった。これは、感染症に対して黒人が脆弱《ぜいじゃく》な医療環境にあることを示唆していた。加えて、所得、資産、教育における格差、そして黒人が刑務所に収監される割合の高さなど、アメリカが人種による不平等な社会であることを再確認する機会となった。ＢＬＭ運動の広がりとともに、公的機関、大学、企業における人種平等の実現は切実なアジェンダとして広く議論されるようになった。

ＤＥＩなどの多様性推進の流れに加えて、反差別や人種平等を求める声が高まったことで、アファーマティブ・アクションを制限する政策の実現は、ますます難しくなったと考えられた。しかし、そのような渦中にあっても、トランプ政権はＡＡの運命を決定づけようとする動きを進めていた。それが、連邦最高裁判所の判事の交代であった。

最高裁判事は終身職であるため、判事が死亡するか自ら引退するまでは交代する機会はない。トランプ政権は、四年間の任期中に三名の判事を交代する機会を得た。そこでトランプは、いずれの機会にも、比較的若い保守派の判事を指名した。最高裁のイデオロギー的なバランスを大きく変える露骨な指名は批判も集めたが、いずれも共和党多数の上院議会による承認を獲得した。

とくに、二〇二〇年九月にルース・ベイダー・ギンズバーグ判事が死去した際、一一月に迫った大統領選挙直前の最高裁判事の指名を避けるべきという意見を押し切ってエイミー・コニー・バレット判事を指名したことは激しい議論を引き起こした。一貫してアファーマティブ・アクションの合憲性を主張してきたギンズバーグに代わって、トランプの諸政策を支持する立場を鮮明にしたバレットが就任することによって、保守派六名とリベラル派三名という、保守派が圧倒的に優位な体制が確立したのである。

このトランプ政権が残した遺産は、トランプの退任後に強大な効力を発揮した。二〇二二年六月のドブズ対ジャクソン女性健康機構判決は、福音派をはじめとするキリスト教保守派の悲願であった人工妊娠中絶の禁止を実現させた。多様性や人種平等への関心が高まるなかで、保守化した最高裁が、アファーマティブ・アクションに対してどのような判断を下すのか、注目が集まっていた。

まとめ――多様性革命への期待と不満

二一世紀の組織が追求するべき理想とされた多様性は、「反優遇」運動の攻勢に窮地に立たされたアファーマティブ・アクションを救った。二〇〇三年のグラッター判決は、AAを大学教育における多様性実現の手段として再生させた。ビジネスの現場でも、多様性は、雇用だけでなく企業組織のあり方を示す指針として再提起され、AAは多様性マネジメントの一部として再編された。グラッター判決でのミシガン大学側の主張や多様性マネジメントをめぐる議論に顕著なように、多様性は、教育機関や組織に摩擦を持ち込むものというよりも、新たな創造性・革新性をもたらし、これまでにない高いパフォーマンスを可能にする原動力と見なされるようになった。このような多様性の効用を発揮するための手段として、人種を一要素として考慮するAAが正当化されたのである。

しかし、このようなアファーマティブ・アクションの存続は、一九六〇年代のAA導入時の問題関心からの乖離を意味していた。「積極的差別是正措置」という訳語にも見られるように、当初の問題関心は、人種差別の是正、とくに制度的人種主義といわれる構造的に組み込まれた人種不平等の解体にあった。しかし、法廷ではバッキ判決以来、差別是正措置としての側面は縮小を余儀なくされ、グラッター判決の際には、ミシガン大学側も差別是正の側面にはほとんど触れないまま、多様性のためのAAとして合憲判決を勝ち取った。

その結果、アファーマティブ・アクションは、反人種主義への関心を離れ、大学教育や企業活動におけるパフォーマンスの最大化を目指す取り組みへと変貌した。現実には多様なメンバーの背景にも、構造的な不平等やそれを形づくった歴史があるはずだ。しかし、その不平等構造を顧みることなく、多様なメンバーから最大の成果を引き出すための手法の一つとして、ＡＡは生き残った。

ただし、一般の人びとのあいだでは、依然として差別是正措置への期待は継続している。二〇〇七年ピュー・リサーチセンターの世論調査でも、七〇％のアメリカ人が「黒人、女性、マイノリティが、よりよい職や教育を得ることを支援する手段としてのアファーマティブ・アクション」を支持していた（傍点は著者）。不利な立場にある人びとへの支援策、歴史的に差別されてきた人びとへの救済策の必要性は、多くの人びとに共有されている。そして、ＢＬＭ運動の広がりは、あらためてそのような積極的な是正策の必要性を多くの人びとに気づかせただろう。法的な制限のなかで大学や企業がＡＡを実施する論理と、人びとがＡＡに期待する論理のあいだのギャップは、明らかに広がっていた。

アファーマティブ・アクションに抱く像と現実とのギャップは、ＡＡに反対する人びととのあいだでも顕著である。トランプ支持者を含む保守的な白人層のあいだでは、ＡＡは「被害者の物語」を導くテーマの一つである。過度な「優遇」や「クオータ」として表現される姿は、多くの制約のなかでかろうじて継続してきたＡＡの現実からはかけ離れている。

しかし、現代の保守派政治家の多くは、ＡＡやＤＥＩを「白人差別」と訴えて、白人保守の不満や怒りを動員することによって、支持を集めている。たとえば、テキサス州では、保守派のグレッグ・アボット知事のもとで、大学や公的機関でのＤＥＩ部局の設置や多様性トレーニングを制限する州法が成立している。ＤＥＩもまた、現代の「文化戦争」の主戦場の一つになっている。

二一世紀における多様性推進の手段として再定義されるアファーマティブ・アクションは、当初の差別是正への問題関心から離れていく一方で、マジョリティ側の「犠牲者」意識にもとづく反発にも直面している。この入り組んだ政治状況のなかで、ＡＡ「終焉」の日は訪れた。

第5章　なぜ廃止されたのか――アジア系差別と多様性の限界

1　アファーマティブ・アクションはアジア系差別か

廃止判決を導いたアジア系の声

二〇二三年六月二九日、合衆国最高裁判所はハーバード大学とノースカロライナ大学において実施されていた人種を考慮する入学者選抜の方法について、合衆国憲法修正一四条の平等保護条項に反するとして、違憲とする判決を下した。人種にもとづくアファーマティブ・アクションは、大学入試における人種差別への是正措置として、そして近年では多様な背景を持つ学生を入学させるための措置として長く実施されてきた。判決は、その廃止を告げるものとして、アメリカ国内だけでなく、日本を含む海外でも広く伝えられた。

アファーマティブ・アクションは、二〇〇三年のグラッター判決以降、多様性を追求するための手段として認められてきた。しかし、この裁判で取り上げられたのは、ハーバードをはじめとする難関エリート大学で行われている入試が、アジア系アメリカ人を排除する差別的な制度なのではないかという問題であった。裁判の原告となった団体「公平な入試を求める学生の会（SFFA）」は、AAがアジア系に対する差別であると訴え、その廃止を求めた。

アジア系アメリカ人は、アジアの諸地域出身の移民や難民とその子孫を含むマイノリティ集団である。二〇二〇年の合衆国センサスによれば「アジア系」とされた人口は、約二〇六〇万人で合衆国の人口の六・二％を占めている。その内訳では、中国系とインド系がそれぞれ四一五万人と四一四万人を占め、続いて、フィリピン系（二八八万人）、ベトナム系（一八五万人）、韓国系（一四八万人）、日系（七七万人）と続く。

アジア系アメリカ人は学歴が高いことで知られている。センサス局によれば、二〇二〇年における二五歳以上のアジア系人口における大学卒業以上の学歴を持つ割合は六一・一％を占め、そのうち大学院以上の学位を持つのは二六・九％である。これは、白人の大学卒業以上四一・三％（大学院以上一五・七％）、黒人の大学卒業以上二七・八％（大学院以上九・九％）と比較すれば、たいへん高い数値である。

高い学歴を反映して、専門職や技能職などの安定した職業につく傾向があり、二〇二二年の世帯あたりの年間実質所得の中央値は一〇万ドルを上回り、白人（八・一万ドル）、ヒスパニック（六・三万ドル）、黒人（五・三万ドル）よりも高い。そのためアジア系は、「モデル（模範的な）・マイノリティ」と呼ばれてきた。

もちろん、「モデル・マイノリティ」のイメージは、アジア系アメリカ人をめぐる状況の一端に過ぎない。アジア系のなかには、多様な出自を持つ人びとが含まれている。AAPIデータによる集団別の集計によれば、二〇二〇年の二五歳以上人口における大学卒業者の割合が三二％のベトナム系や二二％のモン系（インドシナ山岳地域の少数民族を起源とする人びと）など、アジア系の平均を大きく下回る集団も見られる。中国系のなかでも、大学院卒（二九％）と高校中退以下（一六％）がいずれもアジア系の平均よりも高く、集団内の教育格差が大きい。高学歴な技能移民や専門職移民としての移住者が多いインド系や台湾系と、難民としての出自を持つインドシナ出身者のあいだには大きな格差がある。

アジア系アメリカ人もまた、長い差別の歴史を持っている。一九世紀以降、中国や日本出身の移民は、低賃金労働者として西海岸地域の経済を支えた一方で、日常的な搾取・差別・暴力の対象となってきた。一九五二年までは移民の帰化権を否定され、安定した仕事につくことは難しかった。第二次世界大戦時の日系人強制収容は、仕事や財産だけでなく、心理的にも大きな傷を与えた。それでも、一九六〇年代にはその教育や所得における「成功」が注目されるようになり、一九八〇年ごろまでに多くの大学ではアファーマティブ・アクションの対象外となった。

現在では、その成功物語は、アファーマティブ・アクションに反対する議論の根拠にも挙げられている。アジア系アメリカ人の「成功」は、AAに頼らずに自助努力によって達成したものとされ、人種を考慮しないカラー・ブラインドの原則の正しさを証明する一例とされてきたのだ。そして、二一世紀の反AA訴訟においても、アジア系アメリカ人が象徴的な役割を果たすこととなった。AAを廃止へと導いた裁判の展開と帰結を、原告となったアジア系の動きにも注目しつつ、考えてみよう。

「公平な入試を求める学生の会」の訴え

オバマ政権期の二〇一四年一一月、「公平な入試を求める学生の会（SFFA）」は、ハーバード大学とノースカロライナ大学が「意図的にアジア系の入学者を制限」する差別を行っていると訴えた。SFFA対ハーバード大学およびSFFA対ノースカロライナ大学裁判では、アジア系への差別という観点から、各大学の入試におけるアファーマティブ・アクションの是非があらためて問われた。本章では、ハーバード大学を訴えた裁判を中心に、現代のエリート大学の入試制度がどのような点で問題視されたのかを見てみよう。

ハーバード大学の入試制度は、多様性のためのアファーマティブ・アクションの代表的な取り組みとして知られていた。一九七八年のバッキ判決において、ルイス・パウエル判事は「多様な学生集団」を獲得する手段のモデルとして、ハーバード大学の例を挙げた（第2章）。そして、学校の成績、標準テストの点数、出身地域、親の経済的地位などと並んで人種を考慮するという入学者選抜の方式は、グラッター判決によって、穏健なAAの一例として定着した（第4章）。しかし、SFFAは、ハーバード大学の入試では「人種とエスニシティにもとづく意図的な差別」が行われており、以下の四つの点で、連邦の資金を受ける機関における人種差別を禁じた公民権法第六編に違反していると主張した。

SFFAによれば、第一に、ハーバードの入試制度は、過去の「ユダヤ人クオータ」（第1章）と同様に、学業以外の要素を考慮する「全体的審査（holistic review）」という名のもとで、成績優秀なアジア系出願者を差別している。第二に、ハーバードに入学する学生の人種別の比率が年ごとに大きく変動しないように、「人種間のバランス調整」が行われている。第三に、バランス調整において、人種が合否を決定する要因となっている。第四に、ハーバードが求める多様性は、人種的に中立的な選抜方法でも実現できる。SFFAは、人種を考慮しないカラー・ブラインドな選抜方式を「公平な入試」として導入することを求めた。

SFFAは、二〇〇七年から一三年にかけて、アジア系学生の比率が一五％から一八％程度であまり変化していないことを「事実上のクォータ制度」と指摘し、「差別」を実証する統計的証拠として挙げた。そして、学業成績などの「客観的評価」に優れたアジア系志願者であっても、人物像を総合的に判断する「全体的審査」では過度に低く評価され、アジア系であることが不利益に結びついていると指摘した。

SFFAを象徴する二人

SFFAの訴えは、以下の二点から広く注目を集めた。

一つは、この訴訟で問題視されたのが、一九七〇年代以降繰り返されてきた白人への「逆差別」だけでなく、「アジア系に対する差別」でもあった点である。SFFAは、マイノリティ学生を入学させるためのアファーマティブ・アクションによって、成績優秀なアジア系学生の進学機会が損なわれていると主張した。

新聞やテレビでは、アイビーリーグをはじめとする名門大学をAAによって不合格になったと主張するアジア系学生の例が紹介された。たとえば、中国系二世のマイケル・ワンは、地域トップの高校でトップクラスの成績をおさめ、SATでは満点に近い点を獲得し、高校に数学クラブを設立し、バラク・オバマ大統領就任式にコーラスとして参加するなど、課外活動でも実績を挙げた。それでも、ワンはアイビーリーグのいずれの大学も不合格になった。

彼は、高校時代に自分よりも優れた成績を持っていたわけではない黒人やヒスパニックのクラスメイトが名門大学に次々と合格する様子を見て、自分の不合格の理由が自身の人種にあったと確信した。自身の経験をメディアで語るマイケル・ワンは、アラン・バッキと同様に、AAによる「不当な差別の犠牲者」として、SFFA裁判の顔となった。

もう一つの注目点は、SFFAの代表を務めたのが、白人活動家のエドワード・ブラムであったことである。ブラムは、黒人の投票権を守る役割を果たしてきた投票権法の無効化を主張したシェルビー郡対ホルダー裁判（二〇一三年）や、テキサス大学の入試制度を違憲と訴えたフィッシャー対テキサス大学裁判（二〇一六年、第4章も参照）など、一九六〇年代から進められてきた公民権政策の廃止をライフワークとしてきた。ブラムにとって、エリート大学を不合格になったアジア系アメリカ人という「犠牲者」は、アファーマティブ・アクション攻撃のための新たな題材となった。SFFAが、アジア系アメリカ人を利用して、白人優位の社会を維持しようとするバックラッシュ運動であったことは、ブラムの関与からも明らかであった。

エドワード・ブラムとSFFAの支持者たち（ロイター＝ノ／アフロ）

ＳＦＦＡの主張に対し、ハーバード大学側は、グラッター判決をはじめとする過去の最高裁判決の論理を踏襲し、「学生集団の多様性」を実現するための入学者選抜制度は必要であると反論した。ハーバード大学は、ミシガン大学と同様、道徳的価値の面でも、実質的な教育効果の面でも、多様性の実現を大学が掲げる使命の一つとして強調した。大学側は、合否判断においてアジア系であることが決定的な要因となっているかどうかを検証し、「人種」よりも「両親の職業」「出身高校」「居住地区」など、複数の社会経済的要因の影響のほうが大きいと指摘した。

エリート移民が信じるメリトクラシーの夢

ＳＦＦＡの代表エドワード・ブラムのこれまでの活動から、ＳＦＦＡ裁判もまた、アファーマティブ・アクション反対を掲げる白人による運動の文脈に位置づけられることが多い。しかし、ＳＦＦＡを支持して裁判に関与したアジア系アメリカ人を、白人活動家の「操り人形」と見なすのも適切ではない。そこには、アジア系アメリカ人を関与させる独自の論理が存在していた。

ＳＦＦＡによる提訴を支えたアジア系アメリカ人団体の一つに、「アジア系アメリカ人教育同盟（ＡＡＣＥ）」が挙げられる。ＡＡＣＥは、ハーバード大学などの入学審査がアジア系差別であると連邦政府や議員に働きかけ、SFFAを支持する意見書を提出した。さらに、二〇一六年五月に、司法省と教育省に対してイェール大学などで採用される「全体的審査」方式の入学者選抜制度が、アジア系に対する違法な差別であると訴えた。

当時のオバマ政権は、SFFAやAACEの訴えに消極的な対応であったが、トランプ政権の司法省は、これを反アファーマティブ・アクション政策の柱の一つと位置づけた。二〇二〇年一〇月、司法省は人種を用いたイェール大学の入試は公民権法違反であるとコネティカット州の連邦地方裁判所に訴えた。

AACEは、なぜエリート大学のアファーマティブ・アクションに反対するのであろうか。AACEを構成する団体の主要なリーダーの多くは、一九九〇年代以降に渡米した新しい中国系移民とその家族である。一九九〇年の移民法改正で高度技能一時労働者の受け入れが拡大して以来、中国の都市部出身で高学歴の留学生、高度技能移民、企業家移民が増加している。このような移民のなかには、新自由主義的な競争社会の価値観を内面化し、それを教育にも投影する者が少なくない。

AACEは、「教育を重視する文化」をアジア系に特有のものと考え、それが差別の歴史を克服する原動力になったと見なしている。そして、アメリカ社会におけるメリトクラシーの原則（第3章も参照）によって、教育による成功が可能になったという。AACEは、メリトクラシーの価値とアファーマティブ・アクションの関係を、以下のように主張している。

アメリカのメリトクラシーは、アメリカの人種平等と経済的繁栄を約束する基本的なメカニズムである。ほとんどのアジア系アメリカ人は、自分たちの子どもによりよい機会を与えられると信じてアメリカにやってきた。しかし、アイビーリーグ大学やエリート大学の酷《ひど》い差別は、アジア系アメリカ人の心に、深刻な影と不信をもたらしている。アジア人であるがゆえに、アメリカの大学から差別されているのだ。

高い教育歴を有するAACEのメンバーとその家族は、グローバルな大学ランキングで上位を占めるハーバード大学などの最難関エリート大学への進学こそが、子どもの将来の成功を約束する「メリット（＝業績）」と信じている。そのような家族にとって、アファーマティブ・アクションは子どもの進路に立ちはだかる「壁」となる。AAは、彼らがアメリカ的価値の中核にあると考えるメリトクラシーの原則を逸脱していると見なされ、人種を考慮しないカラー・ブラインドな制度こそが「公平な入試」と主張される。

AACEの主張は、グローバルな資本主義社会のなかで少しでも優位を獲得しようとするエリート階層出身の移民の価値観を色濃く反映している。そのメリトクラシー信仰とカラー・ブラインド主義は、エリート移民の生存戦略と結びついているだけに強固である。それは、これまで享受してきたはずの特権を死守しようとする白人保守派の主張とは異なり、自分たちが信じる「メリット」を武器に、弱肉強食の世界を切り開こうとする熱意に満ちている。

一方で、皮肉なことに、メディアで描かれるアファーマティブ・アクションに反対するアジア系の姿は、しばしばアジア系に対するステレオタイプや偏見を助長する。たとえば、「すべてを犠牲にして名門大学進学を目指す」アジア系家族の姿は、「(子どもの教育や将来に過度に干渉する)タイガーマザー」と呼ばれる母親像、「ガリ勉」「ロボット」のような子ども像など、アジア系の否定的なイメージを強化している。また、入試や教育をめぐる議論のなかでは、さまざまな困難を抱える黒人やヒスパニックを「見下す」人種差別者として描かれることもある。SFFA裁判に関わるアジア系の多くは、国境を越えて「メリット」を追求する高学歴・高技能のエリートであるが、アメリカ史のなかで作られた「アジア人」へのステレオタイプや複雑な人種関係から自由ではないのだ。

アジア系のなかで多数を占める支持派

しかしながら、多様性や人種平等よりもメリトクラシーの原則を優先するアジア系アメリ

図5-1　アジア系有権者におけるアファーマティブ・アクション支持者の割合（2014～22年）

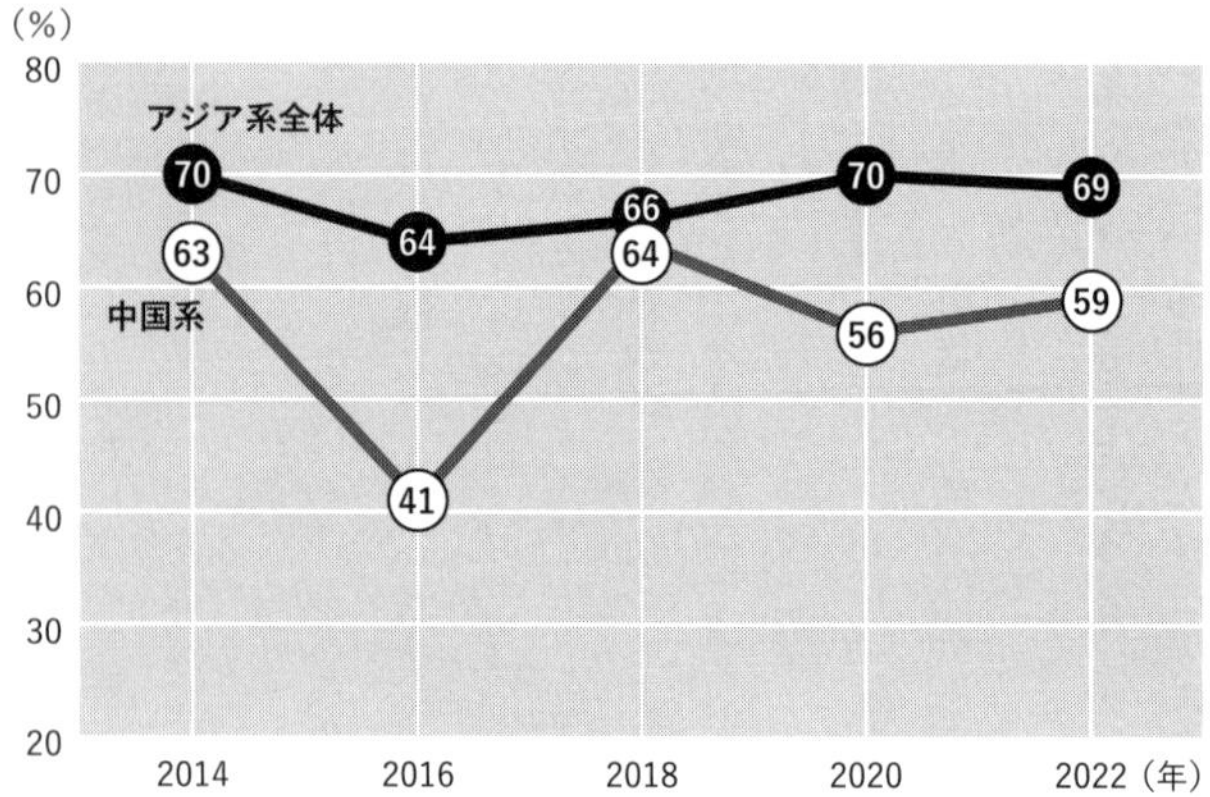

出典 Asian American Voter Survey 2014-2022

カ人の像もまた、その実態を反映しているとはいえない。いくつかの世論調査では、アジア系アメリカ人のあいだでも、アファーマティブ・アクションを支持する意見が優勢である。二〇一四年から二二年のあいだ、アジア系アメリカ人有権者調査によれば、アジア系市民のあいだのAA支持は、六四%から七〇%程度で安定している（図5－1）。ただし、中国系アメリカ人のあいだの支持は、二〇一六年に四一%と過半数を下回っており、これは、AACEなどの団体が活発化した時期とも重なっている。

とはいえ、中国系アメリカ人団体は、アファーマティブ・アクションを支持する運動でも存在感を発揮している。たとえば、一九六九年に設立された「チャイニーズ・フォー・

アファーマティブ・アクション（ＣＡＡ）」は、半世紀以上の歴史を持つ中国系アメリカ人の代表的な公民権団体の一つである。人種平等の追求という観点から、ＡＡの擁護だけでなく、二言語教育の導入や中国系に対する差別事件への抗議など幅広く活動し、一九九六年のカリフォルニア州住民提案二〇九号への反対運動でも主導的な役割を果たした。ＣＡＡは、ＳＦＦＡ裁判に対しても、人種不平等の是正や多様性の実現といった観点からＡＡの必要性を訴え続けている。このようなコミュニティに根づいた活動が、アジア系アメリカ人によるＡＡ支持の基盤を形づくってきた。

また、本書で見てきたように、アファーマティブ・アクションへの意見は、その質問の表現によって左右される傾向がある。社会学者ジェニファー・リーらのグループによれば、アジア系の回答者にＡＡの賛否を質問する際にも、「高等教育へのアクセスの改善」と表現する場合と、「黒人などの人数を増やす」と表現する場合とでは、その回答の傾向に変化が生じる。二〇一六年の調査でも「アクセス改善」については賛成が六四％を占めるが、「人数増加」と尋ねた場合は賛成が五二％まで低下した。これは、人数の割当としてのＡＡには否定的であるものの、不平等の改善や多様性の実現といった目的については支持するというＡＡについての世論全体の傾向と合致している。

市民権を持たない移住者世代ではアファーマティブ・アクション反対が賛成を上回る一方

で、第三世代以上では支持が高くなる傾向がある。世代交代とともに、AAが導入された歴史的背景や黒人・ヒスパニックとアジア系のあいだの格差への理解が深まった結果、支持する割合が高くなっていると考えられる。アジア系におけるAAへの態度は、賛成と反対、保守とリベラルなどの二分法では理解できない複雑さをはらんでいる。

また、アジア系アメリカ人の政治家のメッセージも、複雑な立場を反映している。民主党議員を中心とした「アジア太平洋系アメリカ人議員連盟（CAPAC）」は、高等教育の場におけるアジア系差別の実態を明らかにして、審査過程における透明性を実現することを求めた。CAPACの立場は、クオータ制度を明確に拒否しつつも、人種を考慮する入学者選抜については多様性の実現という観点から擁護するというものであった。その立場から、SFFA裁判でも、多様性のためのアファーマティブ・アクションの維持を求めた。CAPACの態度は、人数確保には否定的だが、人種マイノリティのアクセス改善や多様性を実現するための取り組みには肯定的なアジア系有権者の世論調査結果とも重なる。

SFFA裁判へのアジア系アメリカ人の関わりは単純ではない。グローバルな規模の競争のなかで少しでも優位な「メリット」の獲得に奔走する人びとがいる一方で、自身は対象外であってもアファーマティブ・アクションを支持するアジア系も多く、制度の背後にある人種不平等の歴史についての理解も広がっている。裁判に際して、アジア系全体をひとまとめにしたり、偏見を強化したりするような議論に対しては注意が必要である。

2　違憲判決

SFFA判決の内容と反応

「アジア系差別」としてのアファーマティブ・アクション廃止を求めて注目を集めたSFFA裁判であったが、二〇一九年のマサチューセッツの連邦地方裁判所、二〇二〇年の第一巡回区控訴裁判所は、いずれもSFFAの主張を退けた。これらの判決では、グラッター判決で確立した多様性のためのAAの必要性が支持された。

SFFAは、二〇二一年二月に、保守派判事が多数となった合衆国最高裁判所に上訴し、ついに両大学のアファーマティブ・アクションの是非が最高裁で審議された。そして、二〇二三年六月二九日、最高裁はSFFA対ハーバード大学およびノースカロライナ大学裁判の判決を発表した。判決は、入学者選抜過程において出願者の「人種」を考慮するステップを含んでいる両大学の入試が「人種にもとづく入学者選抜」であると規定し、これらが憲法修正一四条の平等保護条項に違反していると結論づけた。

ジョン・ロバーツ首席判事、保守派のサミュエル・アリートとクラレンス・トーマスに、トランプ政権期に任命された三名を加えた六名の多数派判事は、両大学の入試が、人種という「疑わしい区分」を用いてまで実現しなくてはならない利益があるのか、できるだけ狭く規定された方法であるか、そしてほかに実現可能な方法はないかという厳格審査の基準を満たしていないと判断した。さらに、人種を考慮する入学者選抜が、アジア系アメリカ人学生の合格者を少なくするという「否定的な」影響をもたらしている点や、黒人やヒスパニック学生を「人種ゆえに合格できた」と見なすステレオタイプを強化する点も指摘された。

また、アファーマティブ・アクションは目的実現のための一時的な手段であるとして、両大学が、目標を達成してAAを終了する具体的なポイントを設定していないことも問題視した。代表的な私立エリート大学（ハーバード大学）と名門公立大学（ノースカロライナ大学）の両方で、人種を考慮する入学者選抜が違憲と判断されたことにより、各メディアは、この判決を、人種を考慮する方式のアファーマティブ・アクションの「終焉」と報じた。

SFFA代表エドワード・ブラムは、この判決を、「多人種・多民族の国を一つにまとめるカラー・ブラインドな契約の復活」を約束したものだと語り、AACEの代表ユーコン・マイク・ザオは「これはアジア系アメリカ人にとって歴史的な勝利だ。これで私たちの子どもたちが大学入試で二級市民と扱われることは二度とない」と歓喜した。長くアファーマティブ・アクションを批判してきたドナルド・トランプも、「アメリカにとって偉大な日だ」

と判決を称えた。

一方で、多様性のためのアファーマティブ・アクションを擁護してきた人びとは、判決への失望を表明した。ジョー・バイデン大統領は、最高裁による違憲判断に「強く反対する」と述べ、保守化した最高裁を「正常な法廷ではない」と批判した。全米黒人地位向上協会（NAACP）は、各大学に多様性へのコミットメントを続けることを呼びかけた。

また、アジア太平洋系アメリカ人の議員団体CAPAC代表のジュディ・チュー下院議員は、判決に「深く失望した」と述べ、アジア系、ハワイ先住民、太平洋諸島系の人びとにとっても、この判決は「損失である」という声明を発表した。チューは、アファーマティブ・アクションの廃止を、「公平さを追求し機会を広げようとするこれまでの努力に逆行する動き」と表現した。

SFFA判決は、グラッター判決やフィッシャー判決などで擁護されてきた多様性のためのアファーマティブ・アクションを否定した。クラレンス・トーマス判事は、同意意見のなかで「これまで、グラッター判決は誤りで撤回されるべきだと繰り返してきたが、（中略）今日、長い休止期間を経てついに憲法が勝利した」と宣言した。この判決では、多様性が何を指すのか、多様性が何をもたらすのかが不明瞭であるうえに、「人種にもとづく入学者選抜」という方法がその目的に適った手段であるともいえないと指摘した。今後は、選抜の判断要素の一つとして出願者の「人種」を確認すること自体が憲法違反となる可能性が高くなり、「人種」を考慮する入学者選抜方式を継続することは実質的に困難になった。多様性のためのAAの時代は終わりを迎えたのである。

保守派判事の悲願

それでは、二〇二三年というタイミングでアファーマティブ・アクションに対する違憲判決が導かれたのはなぜだろうか。

その直接的な理由は、最高裁における判事の構成の変化である。トランプ政権は、妊娠中絶の禁止をはじめとする保守的な司法アジェンダの実現を目指して、憲法制定時の意図以上にその適用範囲を拡大することを拒否する「オリジナリズム」と呼ばれる憲法理論を信奉する判事を次々と指名してきた。SFFA判決の判断においても、クラレンス・トーマス判事がオリジナリズムにもとづく解釈を強調している。

トーマス判事によれば、憲法修正一四条は、肌の色にかかわらず「法の下の平等」を実現させる「カラー・ブラインド」の理想を掲げたものであり、その基本理念は「人種によって異なる扱いを認めることは差別的である」という考えである。人種隔離を違法としたブラウン判決（一九五四年）などの歴史的判決はこの理念にもとづいている。「人種によって異なる扱いを認める」アファーマティブ・アクションも、立法者の意図に反しており、違憲と見なされる。トーマスのように「憲法制定者の意図」に固執するオリジナリズムは、時代状況の変化を無視した、保守的な解釈に陥りやすいことが批判されている。それは、アメリカ憲法理論において支配的な位置にあるものではないが、トランプ政権が指名した三判事をはじめ、これを支持する判事が最高裁で多数となったことが、AAの司法判断を大きく転換させたのは間違いない。

また、アファーマティブ・アクションの導入から半世紀以上を経たなかで、政策の「有効期限」が本格的に議論されたことも、これまでの多様性支持の判決とは異なった判決を導く一因となった。グラッター判決以降、トーマスやアリートなどの保守派の判事は、機会の平等を実現するための「一時的な手段」としてAAを認めるのであれば、「有効期限」を設定すべきとする議論を繰り返してきた。二〇〇三年のグラッター判決時に「二五年後」がその目安として指摘されたが、SFFA裁判では、AAは「いつ終わるのか」という問いが投げかけられ、具体的な終結点を設定しない両大学の入学者選抜制度に対する強力な批判の材料となった。

判決においてアジア系差別はどう扱われたか

SFFAが主要な問題として取り上げた「アジア系に対する差別」は、判決においては部分的に指摘されるだけにとどまった。アジア系がアファーマティブ・アクションの「新たな犠牲者」として加わったことが、最高裁の判断を変える決定的要因になったわけではなかった。アジア系への言及があった部分としては、多数派判事による法廷意見において、平等保護条項に違反した一例として、ハーバード大学での人種を考慮した入学者選抜が、アジア系合格者の減少につながった点が指摘された。また、トーマス判事やトランプ政権期に任命されたニール・ゴーサッチ判事は、それぞれの同意意見のなかで、模範的なマイノリティとされるアジア系が、ハーバード大学などの入学試験では「その人種ゆえに」不合格になる矛盾を強調している。アジア系の存在は、憲法解釈上の決定的な変化をもたらすものではなかったが、最高裁の法廷においても、アファーマティブ・アクションという取り組みの非合理性を強調する事例として言及された。

一方で、リベラル派のソニア・ソトマイヨール判事による反対意見は、アジア系のなかの多様性に配慮する際にもハーバード大学が採用する全体的審査のアプローチが有効であったとして、AAが画一的に「差別」として機能していたわけではないと論じている。ソトマイヨール判事の意見は、アファーマティブ・アクションに対するアジア系の複雑な立場を考慮したものであり、人種を要素の一つとする選抜の有効性をあらためて強調した。

結局のところ、「アジア系差別」の問題化は、アファーマティブ・アクションへの違憲判決を導く核心的な論理となったわけではなかった。しかし、AAが白人だけでなく、差別の歴史を持つマイノリティにも否定的な影響を及ぼすとの指摘は、カラー・ブラインド主義やメリトクラシーにもとづく既存の反対論を補強する役割を果たした。

3　多様性推進の落とし穴

アファーマティブ・アクションは目的を達成したのか

「多様性の実現」を重視してきた最高裁の立場を崩した第一の要因は、最高裁判事の保守化であったことは間違いないだろう。しかし、アファーマティブ・アクションの導入から廃止までの歴史を見てきた本書にとっては、政治的・法的な直接的要因だけでなく、この判決を止められなかった長期的・社会的な要因もまた重要である。半世紀以上にわたって続いてきたAAの廃止を可能にした背景には、政策の目標達成についての人びとの考え方の変化が存在している。

多様性のためのアファーマティブ・アクションは「人種的に多様なキャンパス」の実現と

図5-2　大学在学者（米国居住者）の人種エスニシティ別の割合（2021年秋）

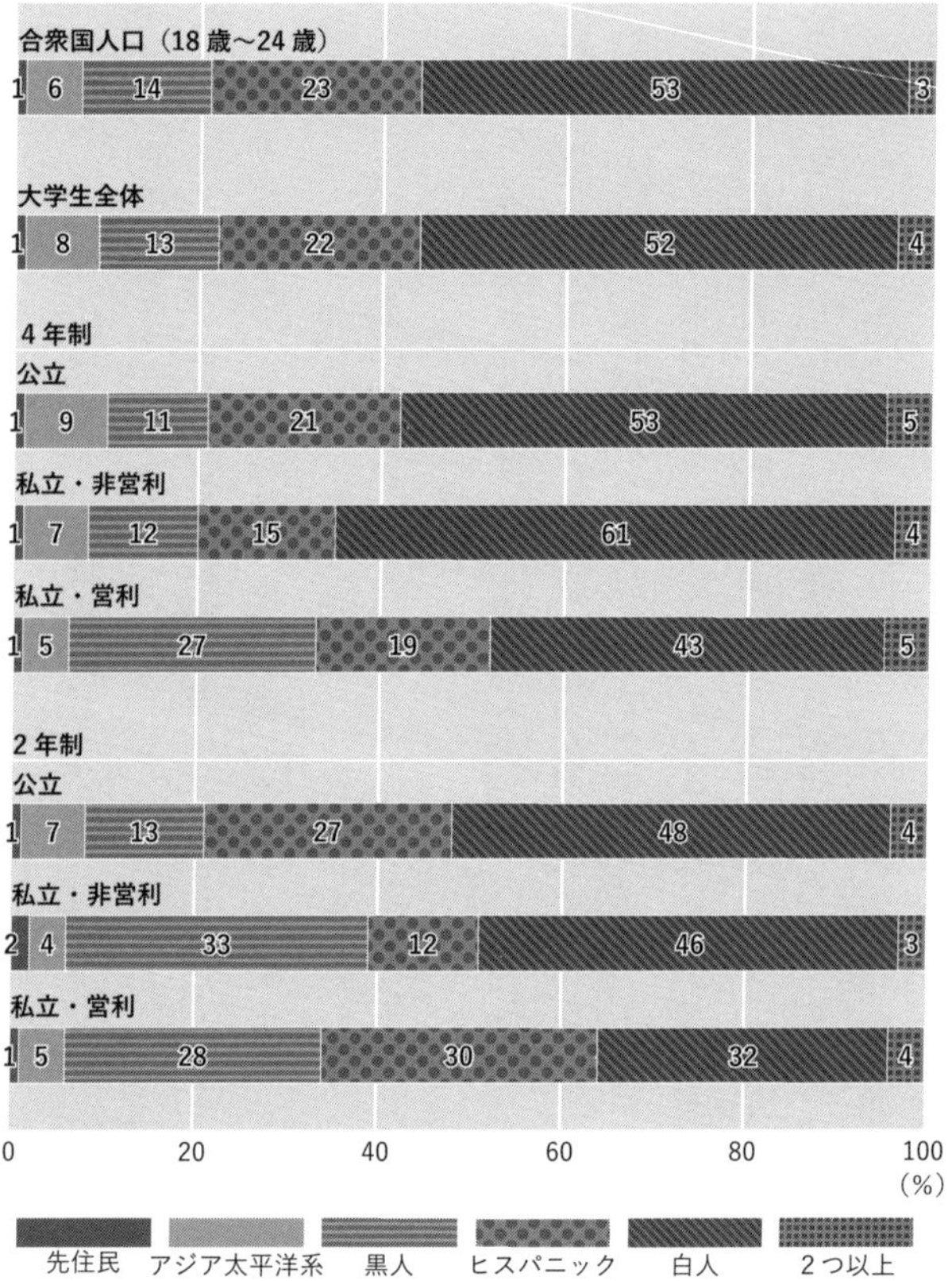

センサスおよび教育省のデータより著者作成

いう目的を掲げてきたが、最難関エリート校以外の大半の大学では、この目標はすでに実現している。『ニューヨーク・タイムズ』電子版二〇二三年七月三日の記事によれば、大学入試をめぐるAAが問題となっているのは、出願者に占める入学者の割合（入学率）が二五％以下の「最難関」のエリート大学にほぼ限定されている。裁判の当事者となったハーバード大学（入学率四％）やノースカロライナ大学チャペルヒル校（同二〇％）もこのカテゴリーに含まれる。もちろん、これらの大学は、アメリカの大学のなかのごく一部である。白人、黒人、ヒスパニック学生の約九割、アジア系の約七割は、入学率五〇％以上の競争率が極端に高くない大学に進学している。

二〇二一年における一八歳から二四歳までの合衆国人口の人種別構成は、白人五三％、黒人一四％、ヒスパニック二三％、アジア太平洋系六％であるが、教育省の統計（図5-2）によれば、四年制公立大学に在学する学生の人種別構成は、白人五三％、黒人一一％、ヒスパニック二一％、アジア太平洋系九％である。黒人・ヒスパニックの比率は人口比率と比べるとやや低いとはいえ、全体として人口比率にかなり近づいている。現状を考えれば、すでに多くの大学では、アファーマティブ・アクションを実施しなくても人口比率と同じかそれ以上のマイノリティ学生を受け入れることができている。

そのため、多くの大学進学者にとってアファーマティブ・アクションはもはや決定的に重要な政策と見なされなくなっている。それを自分の将来を決する問題として考えているのは、最難関大学への進学を希望する一部の学生やその家族に限られている。SFAとハーバード大学の論争に熱心に関わったのは、エリート大学への進学に強い動機を有するアジア系の一部、AAを人種平等のための象徴的な取り組みと考える人種マイノリティと公民権団体、そして「白人への逆差別」としてのAAの廃止を求める保守派であった。それ以外の人びとにとって、最難関大学の入学者選抜方式は、自身とは関係の薄い課題と受け止められるようになっていた。

撤退する大学

多くの大学にとっても、アファーマティブ・アクションは死守すべき取り組みではなくなっていた。社会学者のダニエル・ハーシュマンとエレン・ベリーによれば、難関とされる大学約一〇〇〇校の約六〇%は一九九四年の段階で人種を考慮する入試を行っていたが、SFA裁判が始まった二〇一四年までにその割合は三五%にまで減少した。最難関大学ではAAを維持する傾向が見られたものの、比較的難易度が低いとされる大学の場合、AAの実施校は二〇%にまで減少している。

ハーシュマンとベリーは、難易度が高くない大学でのアファーマティブ・アクション廃止の理由の一つに、人口の変化によってマイノリティの出願者が増加して特別な考慮の必要がなくなったことを挙げている。最難関のエリート大学での黒人やヒスパニックの入学者の確保は大きな課題であったが、中堅の州立・私立大学ではすでに「キャンパスにおける多様性」は実現しており、人種マイノリティの教育における底上げも、ある程度は達成されたと見なされている。

また、白人を中心とするアファーマティブ・アクション反対派の攻撃も、大学のAAからの撤退を後押ししている。SFFA裁判以前も大学入試におけるAAを標的とした訴訟が繰り返されており、「キャンパスにおける多様性」を達成しつつあった大半の大学にとって、訴訟のリスクを冒してまで人種を考慮する入試方式を維持する積極的な理由は少なかった。エドワード・ブラムをはじめとする活動家や関係する団体は反AA訴訟を繰り返し、トランプ政権下では司法省が、AAを実施する大学を攻撃する側へと回った。連邦政府からの補助金が必要なうえに、すでに多様な学生を受け入れている中堅大学にとっては、AA継続への動機づけの後退は明らかであった。

このように、多様性の実現を目的としてきたアファーマティブ・アクションの対象は最難関エリート校に限定されるようになっており、その是非をめぐる裁判は象徴的な闘争の様相が強くなった。そのため、そこで交わされる議論の多くも、多くの大学の現実から乖離したものという印象を強め、人びとの関心の低下を招いていた。

ミシェル・オバマ

アメリカ社会のリーダーシップに与える影響

すでに多くの大学で人種的多様性が達成されているとはいえ、とくにアイビーリーグや名門州立大学などのエリート大学には、アファーマティブ・アクションを維持する特有の意義もある。それは、エリート大学でのＡＡが、アメリカ社会のリーダーシップについて果たしてきた役割である。

エリート大学に進学する人種マイノリティの学生の数を増やすことは、政治・経済・文化の各分野で、ロールモデルとなるような指導的地位へのマイノリティの進出を助ける。たとえば、ＳＦＦＡ判決の直後に、元大統領夫人のミシェル・オバマは、プリンストン大学で学んだ自身の経験を振り返りながら、アファーマティブ・アクションは「自分の能力を示す機会を歴史のなかで何度も否定されてきた人びとに、新しい機会の梯子《はしご》を提供する」ものであったと語っている。ブッシュ（子）政権期に国務長官を務めた保守派の黒人女性政治家コンドリーザ・ライスも、「自分はＡＡに真剣に取り組んでいたスタンフォード大学の戦略の受益者である」と語り、自身のキャリアにAAが与えた影響を語っている。オバマ夫妻やライスのようなマイノリティ出身の専門家や指導者を育てることは、AAを導入した一九六〇年代からの課題の一つであった。政府や企業の意思決定部門に、マイノリティが多く関与することは、多様な意見を反映させるだけでなく、不平等や不正義への問題関心を組織アジェンダに加える効果もあった。

また、白人エリートに、多様な背景を持つ人びとと関わる機会を提供してきたという点も重要である。エリート層出身の白人学生のなかには、子どものころから白人富裕層が多数を占める私立名門校の閉じた世界しか経験しないまま、アイビーリーグへと進学する者も多い。ミシェル・オバマも、「すべての学生」が、「これまで出会ったことのない観点に触れ、自分の前提を問い、心を開けば多くを学ぶことができた」と、マジョリティの学生にとっての意義を語っている。将来の指導者候補に、多様性に満ちた環境で、異なった背景を持つ学生とともに学ぶ経験がもたらす教育効果は、AA裁判でも繰り返し強調されてきた。

リーダーシップの育成は、最難関大学がアファーマティブ・アクションの維持にこだわってきた理由の一つであり、SFFA判決がもたらす影響がもっとも大きい課題であるといえる。

大学進学後も直面する不平等

最難関エリート大学を除けば、アメリカの大学の大半において「キャンパスにおける多様性」が達成されつつあるといわれる。二年制のコミュニティ・カレッジなどを含む高等教育機会の裾野の広がりのもとで、人種やエスニシティの多様性は拡大し、人種マイノリティの教育レベルを引き上げることにも貢献している。しかし、大学における多様性の実現は、アファーマティブ・アクションの当初の目的であった人種不平等を改善することに結びついているのだろうか。

マイノリティ学生の大学進学後の生活にも、人種不平等は深刻な影を投げかける。たとえば、大学に進学する黒人やヒスパニック学生の比率が高くなる一方で、マイノリティの学生ローンへの依存度も高まっている。アメリカでは、高額な大学の学費が社会問題となっており、その支払いのために学生ローンを利用することが一般的だ。しかし、二〇二〇年に大学卒業後四年が経過した連邦学生ローン受給者の統計によると、黒人の借入額の平均が五・八万ドルでもっとも高額で、白人の四・三万ドル、ヒスパニックの四・二万ドルを大きく上回っている。

黒人と白人のあいだには所得や資産の格差が存在するため、高額なローンを抱える黒人の実質的な負担はいっそう大きく、住居の購入や結婚が先延ばしになるなど、大学卒業後の生活にも深刻な影響を与える。ヒスパニックも借入額が少ないものの、大学卒業後の負担は同様の理由で大きい。同じように大学に進学していても、学生ローンがもたらす負担の大きさは人種によって不均衡である。

また、四年制大学のなかでも「私立の営利大学（for-profit college）」における黒人やヒスパニックなど人種マイノリティ学生の比率が高いことも問題視されている。国立教育統計センターによれば、二〇二一年に営利大学におけるアメリカ居住者学生の二七％が黒人、一九％がヒスパニックで、そのほかも含めれば人種マイノリティ学生が過半数を占めている（図5-2）。とくに黒人学生の比率は公立大学（一一％）や私立の非営利大学（一二％）と比べても著しく高い。

営利大学は、収益を目的として設置された教育機関で、ビジネス、コンピュータ、医療などの実務に対応したカリキュラムを売りにすることが多い。高等教育機関の約五％を占めているが、公立大学と比べると学費が高額で、学費収入が出資者への配当に回されることから教員、プログラム、設備の質に問題があることも指摘されている。労働市場で少しでも優位を得ようと大卒資格を熱望するマイノリティを標的として、高額な学生ローンに加入させる悪質な大学もあり、その搾取的な性質が社会問題化している。

そして、大学卒業後に参入する労働市場の性格も変化している。グローバル化が顕著になった二〇世紀末以降、労働市場では、高度な専門知識、修士以上の学位、国際経験などの能力や資質を重視する一部の高度専門サービスと、不安定な非専門・非熟練サービスへの分極化が進行している。SFFAを支持したアジア系移民やその家族は、この希少な高度専門職・技能職へとアクセスするために、ハーバードなどの最難関大学の卒業資格や大学院以上の専門的学位が不可欠と考え、その障壁となったアファーマティブ・アクションの廃止を求めた。一方で、皮肉なことに、非難関大学出身の人種マイノリティにとっては、高額な学生ローンを組んでなんとか獲得した大卒資格が、現代の労働市場において必ずしも決定的な優位を導くわけではなくなっている。

一部のエリート大学における多様性の実現をめぐる象徴的な闘争が関心を集める一方で、進学後も多くのマイノリティ学生を苦しめる不平等の多くは、放置されたままであったように思われる。

多様性のもとで守られる白人優位の入学制度

さらに、「キャンパスにおける多様性」の実現という目的は、ハーバード大学を含む最難関エリート大学における人種不平等を正当化する際にも持ち出される。SFFA裁判における議論では、大学卒業生の家族や親族を優先的に受け入れるレガシー入試や、スポーツに優れた学生を対象としたスポーツ入試など、一般入試とは別の枠組で実施される選抜方式も注目を集めている。二〇一四年から一九年までのハーバード大学の記録によれば、白人はレガシー入試合格者の六割を占め、白人合格者の四三％をスポーツ、レガシー、寄付者の家族、教職員の家族を対象とした入試合格者が占めている。白人が多いレガシー入試の難易度は一般入試と比べものにならないほど低く、実質的に白人学生を入学させるための措置として機能しているといわれている。

にもかかわらず、大学側はこれらの制度もまた、大学キャンパスにおける多様性の実現を目的とするものとして擁護し続けている。同様に、一般入試での農村部や地方などの出身地を考慮した選抜方式も「学生集団における多様性」を確保するものとして継続しているが、これも白人の割合が高い地方出身の学生を「優遇」する措置であるという指摘もある。

ミシェル・オバマは、ＳＦＦＡ判決に対するコメントのなかで、以下のように述べている。

> 金、権力、特権によるアファーマティブ・アクションが完全に正当化されることが多い一方で、私のように育った子どもたちは、平らとはいえない地面の上で競争するように求められている。

この発言は、レガシー制度や寄付者家族を対象とした入学制度など、特権的な人びとを対象とした「アファーマティブ・アクション」が維持されているのに、人種に関わる取り組みだけが敵視されて廃止に追い込まれ、マイノリティの子どもが困難な競争を強いられることへの不公平感を表現したものだ。多様性の言説は、このような不公平を正すうえで有効とはいえない。SFFA判決によるAA廃止と白人優位の入試制度の維持は、多様性という規範の限界も示すものであった。

まとめ――実現する多様性、見落とされる不平等

新型コロナウイルスのパンデミックとブラック・ライヴズ・マター（BLM）運動に揺れた二〇二〇年の一一月、大統領選挙に勝利したジョー・バイデンは、新政権のアジェンダの一つとして「体系的な人種主義の根絶」を訴えた。社会構造に組み込まれた人種主義にどのように介入するのか。一九六〇年代から継続してきたアメリカの難問が再び注目を集めている。

かつて、アファーマティブ・アクションは、その答えの一つであった。AAは、統計的な数値によって可視化された制度的人種主義の構造を是正するためのさまざまな取り組みとして始まった。しかし、「クオータ」「逆差別」への批判のなか、その目的は構造的な人種不平

等の是正から、多様化の推進へと移行してきた。

ＳＦＦＡ判決は、多様化のためのアファーマティブ・アクションの時代の終わりを意味しているようだ。少なくとも、ＡＡをめぐる法廷での議論では、多様性という言葉をもってしても、人種による「異なる扱い」を正当化することが困難となった。裁判を通して、多様性のためのＡＡを支えてきた考えが、現代の多様性が置かれた現実から、少なくとも以下の三つの点において乖離していたことが示された。

第一に、黒人やヒスパニックを含む多くの学生にとって、アイビーリーグや名門州立大学などの最難関大学以外では「キャンパスにおける多様性」はほぼ実現していた。二〇世紀後半以降の大量移民によって、ヒスパニックやアジア系人口は増加を続けている。このような人口統計における変化を反映して、各地の公立大学やコミュニティ・カレッジには人種マイノリティ学生が多く進学している。ただし、人種マイノリティの大学への進学が、そのまま不平等の改善に直結しているわけではない。アメリカ労働市場の質的な変化、学生ローンへの依存、営利大学の搾取問題など、進学を果たした人種マイノリティ学生が不利となる状況は継続している。数値における多様性だけでなく、既存の不平等が規定する不利や困難にどれだけアプローチできるのか。多様性のためのアファーマティブ・アクションを擁護する議論は、実際に大学進学した人種マイノリティが直面する不平等の現実に十分に介入できたといえるのか。

第二に、SFFA裁判の鍵となったアジア系が体現していた、よりよい機会を求めてグローバルに移動する人びとのメリトクラシー志向との乖離である。SFFAを支持したアジア系は、グローバルな大学間の序列関係を念頭に置き、現代の労働市場における優位としての「メリット（＝業績）」を追求する人びとであった。ごく一部の名門エリート大学の卒業証書は、彼らがグローバル経済を生き抜くために不可欠なものと信じられてきた。そのようなアジア系にとっては、「キャンパスにおける多様性」とは、アジア系入学者の数を調整するための「クオータ」と同然のものと受け止められた。世界的な大学ランキングをもとに最高と考える「メリット」を追求する態度は、トランプ支持者やエドワード・ブラムら白人保守派のアファーマティブ・アクションへの敵意とはまた別種のものであったが、AAの背後にあったはずの人種不平等の歴史への関心は、同様にきわめて低かった。

第三に、ハーバード大学などのエリート大学では、人種以外にも、性別、出身地域、出身階層、両親の教育歴（家族で最初の大学進学者であるかどうか）、スポーツや課外活動での経験、そして卒業生の家族という「レガシー」もまた、追求すべき多様性の一つとして位置づけられていた。SFFA裁判では、これらの多様性のなかで、とりわけ人種を考慮する入試が攻撃対象となった一方で、地域、スポーツ、レガシーなど、おもに白人の進学機会として機能してきたカテゴリーには手をつけられなかった。大学が訴える多様性のアジェンダは、白人学生が享受する「優遇」もまた擁護し、人種不平等の是正から遠ざかっている。

バッキ判決以降の多様性のためのアファーマティブ・アクションの是非をめぐる論争は、現代アメリカの多様性に深く食い込んだ不平等と、それに介入する人種正義のあり方からは、少しずつ離れてしまっていたようだ。半世紀にわたるＡＡ論争の中核には、ＡＡを公民権改革のシンボルと見なす態度があった。一方には、それを「行き過ぎ」と攻撃するエドワード・ブラムに代表されるバックラッシュ運動があり、他方には、それを人種平等への努力の象徴と見なすマイノリティ運動とその支持者がいた。後者にとっては、ＡＡの廃止は白人優越主義的な主張への屈服を意味するとされ、その維持が最優先課題となってきた。

ＳＦＦＡ判決によって表面化したのは、維持の結果として定着した多様性のためのアファーマティブ・アクションが、現代の大学においてマイノリティ学生が直面する不平等の現実から乖離してしまったことである。ＡＡ廃止がもたらす負の影響は大きいと推測されるが、このような不平等の現実を放置するわけにもいかない。

終章　どのように人種平等を追求するのか

1　アファーマティブ・アクション以後のアメリカ社会

SFFA判決の影響

二〇二三年六月、SFFA判決はハーバード大学などのアファーマティブ・アクションを違憲と判断した。これは、アメリカにおけるAAの完全な廃止を意味しているのだろうか。

SFFA判決は、大学入試におけるアファーマティブ・アクションについて、出願書類のなかで画一的に人種についての情報を求め、それを活用することを違憲とした。しかし、判決では、大学への貢献が期待できる出願者の特性や能力が人種に関わる問題と結びついている場合は、「いかに人種が出願者の人生に影響を与えたかを考慮することを禁止するものではない」と述べている。たとえば、出願者の個人エッセイや面接などで自身や家族の人種について言及することは可能であると考えられる。

この点をふまえて、アファーマティブ・アクションを支持する姿勢を示してきたジョー・バイデン政権は、判決直後に、各大学に対して「学生が互いを導き、互いに学ぶことができる活発で多様な環境を作る」ために「出願者とその家族の経済的背景」「出願者が育ち学んだ場所」「人種差別を含む、出願者が経験した困難や差別」を考慮するように呼びかけた。さらに、二〇二三年八月には教育省が「高等教育における多様性と機会を促進する」ためのガイドラインを作成し、SFFA判決後の枠組のなかで多様性を追求するための取り組みの事例などを紹介した。バイデン政権下の連邦政府は、ハーバード方式のAAが違憲とされた後も、多様性を追求するための方策を模索している。

また、SFFA判決は大学入試を対象としたものであり、ビジネスや雇用におけるアファーマティブ・アクションを直接的に拘束するわけではないと見られている。しかし、人種を考慮した選考が平等保護原則に反するというSFFA判決の基本的な発想が、人種だけでなく、ジェンダーやセクシュアリティを含む多様性・公平・包摂（DEI）のための広範な取り組みを萎縮させるのではないかという懸念が高まっている。実際、トランプ政権のアドバイザーを務めたスティーブン・ミラーを代表とする団体「アメリカ・リーガル・ファースト」は、二〇二二年から雇用機会均等委員会（ＥＥＯＣ）に対して、マクドナルド社、アラスカ航空、アンハイザー・ブッシュ社（大手ビール製造会社）など少なくとも九つの大企業が「個人の能力よりも人種や性のような変更不可能な属性のみにもとづいた雇用をしている」と提訴している。アマゾン社のマイノリティ企業家支援プログラムも、保守系団体によって公民権法違反と訴えられている。

バイデン政権下のＥＥＯＣは、これらの訴えを棄却しているが、企業のＤＥＩを標的とした保守系団体の運動は活発化している。テキサス州やフロリダ州では企業や大学でのＤＥＩの取り組みを制限する州法が成立している。ＳＦＦＡ判決以後、同様の攻撃がいっそう激しくなっており、ブラック・ライヴズ・マター（ＢＬＭ）運動の問題提起を受けて拡大してきたＤＥＩへの減速効果は深刻だ。もし、二〇二五年以降に共和党政権となることがあれば、司法省もまた、ＤＥＩを攻撃する側へと変貌する可能性が高い。

ＳＦＦＡ判決の内容でもう一点興味深いのが、軍の士官学校を例外と位置づけたことである。マイノリティ出身の将校が少なく、兵士との信頼関係の構築が課題となっていることから、連邦政府は、軍士官学校における人種の多様性を「国益」として守ることを求めていた。判決では、軍士官学校における人種を用いた選考を対象外としたが、「多様性という利益」の適用範囲が恣意的に設定されることには、ＡＡ擁護派・反対派の両方から批判がある。Ｓ

ＦＦＡは二〇二三年八月に海軍士官学校の人種を用いた入学者選抜が違憲であるとして、あらためて法廷に訴えている。

以上のように、ＳＦＦＡ判決は、直ちにすべてのアファーマティブ・アクションを禁止するものではない。それでも、グラッター判決以降、ＡＡの代表的な取り組みであった人種を考慮する入学者選抜が違憲となった象徴的な打撃は大きい。最高裁のソニア・ソトマイヨール判事は、ＳＦＦＡ判決の反対意見のなかで、「最高裁が大学入試における人種の使用を奪い取ったとしても、教育における多様性の社会的必要性を満たすために、大学はあらゆる入手可能な道具を用いることができるし、用い続けなくてはならない」と述べている。差別是正や多様性実現のため、「あらゆる方法」を模索することが求められている。

人種に言及しない取り組みの先例

アファーマティブ・アクションが廃止された場合の差別是正・多様性のための取り組みを考えるうえで、重要なヒントを提供するのが、すでにＡＡが禁止された州や地域の経験である。とくに、カリフォルニア州では、一九九五年にカリフォルニア大学システムがＡＡの廃止を決定し、さらに一九九六年の提案二〇九号による州憲法修正によって、マイノリティを「優遇」する措置が禁止されてしまった。そのような制約のもと、大学や州・地方の政府は、人種に言及しない方法を組み合わせることで、多様性を守り、不利な人びとへの機会を提供するための実践を積み重ねてきた。ここでは、カリフォルニア大学やミシガン大学など、AAが禁止された大学で採用された取り組みを紹介したい。

一つ目は、アウトリーチと呼ばれる活動である。これは、より多くの人種マイノリティや貧困層出身の高校生に対して、大学進学への動機づけや準備を促す取り組みを指す。たとえば、カリフォルニア大学に出願するためには、入学適格性（eligibility）という条件を満たす必要がある。これは、高校での成績を含む一定の学力要件に加えて、アドバンスド・プレイスメント（AP）と呼ばれる大学教育のための準備科目を履修して試験に合格することで取得されるものである。しかし、貧困地区の高校や進学指導に熱心ではない高校では、APのための科目が設置されていないことがあった。

大学のアウトリーチ活動は、高校とパートナーシップを結んだり、小・中・高校教員への研修などを行ったりすることで、人種マイノリティや貧困層の比率が高い高校でもAP科目を設置できるよう支援している。出身高校にかかわらず、多様な背景を持つ生徒たちが、入学適格性の条件を満たすように働きかけている。また、アウトリーチ活動に、同じマイノリティとしての背景を持つ大学生や教員を参加させることで、AP科目への参加、入試への出願、そして合格後の入学を促している。このような活動は、二〇〇六年にアファーマティブ・アクションが禁止されたミシガン大学でも実施されている。さらに、経済的に困窮する家庭への受験費用支援や奨学金を充実させる大学も多い。

二つ目は、パーセンテージ・プランといわれる取り組みである。これは、州内の各高校の上位数パーセントの成績の生徒の入学を認める入試方式で、ホップウッド判決後のテキサス大学が「一〇%プラン」を採用して話題になった。パーセンテージ・プランは、富裕地区の高校も貧困地区の高校も関係なく、校内で上位数パーセントの成績をおさめた者を対象とすることで、幅広い社会経済的背景を持った学生を入学させることが可能になると考えられた。

カリフォルニア大学では、二〇〇一年から独自のパーセンテージ・プランとして、「地域的文脈における入学適格性（ELC）」と呼ばれる制度を導入した。これは、各高校で上位四%の生徒にカリフォルニア大学のいずれかの大学への進学を認めるもので、州内の多様な地域の文脈に応じた学生の受け入れを促進した。しかし、校内の競争が激しい難関高校の生徒やその家族からの反発があったため、成績の範囲を一二%に拡大してSATの成績を組み合わせたシステムに変更された。ELCは、人種を考慮しないカラー・ブラインドな原則を維持しながら、幅広い地域や階層の出身者に進学機会を保障する制度として期待を集めたが、ウォード・コナリーをはじめメリトクラシーを重視する論客からは批判の声が上がっている。

近年の大きな動きといえるのは、「客観的な」成績の指標として使用されてきた標準テストからの離脱である。たとえば、カリフォルニア大学理事会は二〇二〇年五月に、大規模標準テストのSATとACTからの離脱を決議し、翌年には二〇二五年から入学選抜時に両試験を一切考慮しないと発表した。標準テストの成績は、家族の社会経済的地位や環境の影響を受ける傾向があり、学習支援が充実した環境にある白人やアジア系の学生にとって有利に働いていることが長く指摘されてきた。標準テストを使用せずに、受験生の能力や資質を総合的に判断する独自の選抜方式を重視する方法は、注目を集めている。

標準テストからの離脱を後押ししたのは、二〇二〇年以降コロナ禍でテストを受験できなかった学生を考慮したことを契機に、ハーバード大学を含む一〇〇〇校以上の大学がSATとACTのスコア提出を任意としたことだった。任意提出を続ける大学がある一方で、二〇二四年はじめに、アイビーリーグのなかでもダートマス大学、イエール大学、ブラウン大学が、入学者選抜においてスコア提出を再び義務づけることを発表した。標準テストの使用をめぐる判断は大学によって分かれている。

廃止後の取り組みとその課題

アファーマティブ・アクションが廃止された地域では、標準テストの成績によって一元的に判定する選抜方式を避け、出願者の背景や文脈を考慮して総合的に判断しようとする取り組みが続いている。多くの場合、出願者の社会経済的な背景や地理的な条件を考慮することで、人種マイノリティに対しても引き続き機会を開いたものとなっている。

このような取り組みは、大学における人種やエスニシティの多様性にどのような変化をもたらしているのであろうか。カリフォルニア大学の変化を見てみよう。

カリフォルニア大学システム全体では、アファーマティブ・アクション廃止前の一九九五年の入学生における黒人・ヒスパニック・先住民といった「人口に比して過少なマイノリティ（URM）学生」の比率は二〇・八％であったが、廃止された一九九八年に一五・一％まで低下した。しかし、先述したアウトリーチ活動やELCにもとづく選抜などによって、URM学生の比率は二〇〇二年には一七・四％まで回復した。また、コミュニティ・カレッジからの転入者の受け入れも、URM学生の増加に貢献している。

その後も、URM学生の割合は増加し続けている。二〇二一年には、入学者のうちの四三％を占め、システム内のトップ校のバークレー校で三五％、ロサンゼルス校でも三四％に達している。ただし、移民受け入れの最前線であるカリフォルニアでは、一八歳から二四歳までの人口の五六％をヒスパニック・黒人・先住民が占めており、人口比率とは依然として距離がある。二〇〇五年に新設され、難易度が相対的に低いマーセド校でマイノリティ学生が過半数を超える一方で、トップ校のバークレー校やロサンゼルス校でのURM学生の比率は人口比率を下回っている。また、各校でもＵＲＭ学生の多数を占めているのは、人口増加が著しいヒスパニック学生である。黒人学生の比率は、五％程度で一定している。

カリフォルニア大学で見られるＵＲＭ学生の増加は、アファーマティブ・アクション廃止後もマイノリティの進学を促進する方法があることを示唆しているが、州内での一八歳以下の人口動態の変化や新大学の開校などの要因も大きい。ミシガン大学やテキサス大学では、ＡＡ廃止後、マイノリティ学生、とくに黒人学生の比率の低下は顕著であった。実際、ミシガン大学は、ＳＦＦＡ裁判の際に、ＡＡ廃止がマイノリティ学生の受け入れに深刻な否定的影響を与えるとする意見書を提出している。現在のところ、不利な状況にある黒人学生の大学教育へのアクセス改善の取り組みとして、ＡＡ以上に有効な政策があるかどうかは議論の余地がある。

さらにＡＡの有無にかかわらず、州における人口構成の変化に対応することを求められる州立大学の場合とは異なり、ハーバード大学などの名門私立大学が、ＡＡ廃止後に不利な人種マイノリティ学生の入学支援に、強い動機づけを有するかどうかも未知数である。マイノリティの背景を持つリーダーシップに与える影響を含め、ＳＦＦＡ判決が私立大学にもたらす負の影響は、公立大学以上に深刻かもしれない。

差別是正の困難

アファーマティブ・アクションの廃止が人種平等のための取り組みをますます難しくするのは間違いない。その一方で、本書を通して見えてきたのは、AAだけでは、差別是正や不平等に対して十分に介入できない状況である。

アファーマティブ・アクションは、ジョンソンの「偉大な社会」政策への失望が広がるなかで、低コストの人種政策として注目を集めた。それは、フィラデルフィア・プランに代表されるように、連邦政府が膨大な予算を用意せずに、関係する企業や教育機関の「自発的な努力」によって、マイノリティの雇用や進学を促進し、数値という目に見える成果を求める取り組みと見なされた。一九七一年のグリッグス判決が、中立的に見えても不平等を維持する行動を差別的雇用と定義したように、連邦最高裁も差別是正のためのAAを支持した。

しかし、一九七〇年代にアファーマティブ・アクションを「逆差別」と呼ぶ議論が広がったことで、その賛否をめぐって激しく議論が展開されるようになった。バッキ判決（一九七八年）では、クオータの禁止が明言され、AAは多様性を実現するための取り組みとして継続が認められた。この頃から、AAは、公民権運動以後の人種問題をめぐる対立を象徴するテーマの一つとして、賛否が問われるようになる。反対派は、マイノリティへの「優遇措置」、白人への「逆差別」、「行き過ぎた改革」との批判を繰り返し、賛成派は、反対論を人種平等のための努力からの後退を象徴するものとして拒否し、AAを死守しようとしてきた。一九九〇年代以降の「文化戦争」は、その対立をますます先鋭化させた。

一方、バッキ判決以後、アファーマティブ・アクションを維持するための法的・制度的な論争の焦点は、差別の是正から多様性の実現へと移行していた。二〇〇三年のグラッター判決はその移行を決定づけ、多様性マネジメントやDEIが、AAを正当化する新たなアジェンダとして定着した。しかし、二一世紀に新たな支配的価値となった多様性に支えられたAAは、グローバル化時代の人種不平等の現実からも離れていく。すでに多様なキャンパスを実現させた大多数の大学、グローバルな移動時代を生きるアジア系のエリート、いまだに堅固な白人優位の人種秩序と、苦しみ続ける人種マイノリティ。多様性のためのAAは、いずれの現実にも十分にアプローチできないまま、廃止判決の日を迎えた。

大学におけるアファーマティブ・アクションの廃止は、一九六〇年代から半世紀以上にわたって続いてきた差別是正の歴史からの後退を示唆している。しかし、AAを継続していれば、アメリカの人種問題の解決に近づくという見方も楽観的に過ぎる。その恩恵は、人種マイノリティのなかの限定的な層に限られており、異なった立場の人びとのあいだに不公平感や負い目などの心理的な影響を与えがちである。歴史的に作られてきた人種不平等の是正策として期待する世論がある一方で、制度としてのAAは、「多様性の実現」という異なった目標を達成する措置として継続してきた。AAが廃止へと追い込まれたことで、あらためて、その政策形成の原点に立ち戻り、何ができて、何ができなかったのかを問えるようになったのかもしれない。

2　原点に戻る

「なぜ始まったのか」を再考する

アファーマティブ・アクションという論争的な取り組みがなぜ導入されたのか。その規範的な是非を問い、制度としての存続を争うなかで、その目的や手段をめぐる論理は大きくねじれてしまった。廃止が視野におさまるようになった現在、その初発の問題関心を再確認することは重要だろう。

序章で議論したように、この政策の出発点は、一九六四年公民権法の制定後に明らかになった、アメリカ社会の制度的人種主義という「しくみ」への介入にあった。法律上の差別が解消されたとしても、教育・雇用・住宅・融資などの人生の局面において、歴史的な不利を背負った人種マイノリティは、ますます不利な状況に追い込まれていた。一九六〇年代の公民権活動家、政策担当者、そして政治指導者は、「差別のない社会」を実現するためには、そのような制度的に作られる負の連鎖を打ち破ることが不可欠であると考えた。そのための「積極的な措置」こそが、アファーマティブ・アクションであった。

導入された時期のアファーマティブ・アクションは、差別や不平等を克服した「偉大な社会」を実現するための総合的な反人種主義政策の一つであった。雇用機会均等委員会（EEOC）などの連邦機関は、企業を対象とした全国的な雇用調査を実施し、人種別の差別的雇用のパターンを見出した。この差別是正のために、人種マイノリティの雇用や昇進を推奨するだけでなく、黒人や人種マイノリティが多く住む地区を対象として、貧困対策や職業訓練などの機会を充実させる取り組み、女性や若者をターゲットとした取り組み、自治体・企業・労働組合・公民権団体が連携して支援の体制を作る取り組みなど、試行錯誤が繰り返された。企業や大学の自発的な取り組みへと「丸投げ」される以前、AAは、ジョンソン大統領のハワード大学演説が示唆したように、「事実として、結果として」の実質的な人種平等を模索する取り組みであった。

このような問題関心に立ち戻れば、二一世紀のアファーマティブ・アクションはその目的も方法も大きくかたちを変えてきたことがわかる。二〇一〇年代以降、BLM運動の広がりとともに、制度的・体系的な人種主義への問題関心は高まっている。しかしながら、警察による暴力、刑事司法における不平等、貧困や失業、そして脆弱な医療体制などの問題と、エリート大学や大企業における多様性のためのＡＡとのあいだには、大きな隔たりがあるように思われる。ＡＡの初発の問題関心とは、まさに現代の黒人が直面している制度的・体系的な人種主義の構造へと介入することにあった。この問題関心と現状のあいだの距離は、ＡＡをめぐる攻防のなかで作り出された「ねじれ」である。この問題は、ＡＡだけでなく、多様性・公正・包摂（ＤＥＩ）をスローガンとするさまざまな措置にも共通している。

不平等の歴史性と地域性

アファーマティブ・アクションの終わりは、人種不平等の終わりでもなければ、人種平等のためのアクションの終わりでもない。二〇二〇年代の現在、深刻な人種不平等に対してどのようなアプローチが求められているのか。これまでのアファーマティブ・アクションをめぐる論争を反省的に振り返りながら、これからの人種平等のための基本的な視座を示して、本書の締めくくりとしたい。

第一に、不平等が歴史的に作られたものであること、その地域の文脈に埋め込まれたものであることを認識する必要がある。アメリカ国内でも、地域によって人種不平等のあらわれ方はさまざまである。奴隷制から人種隔離時代まで黒人差別の長い歴史を持つ地域、先住民社会との接点となってきた地域、アンダークラスを含む貧困層が集中するインナーシティ、人口の多数をヒスパニックが占めるようになった地域、アジアやアフリカからの難民を受け入れた地域、新しい企業家移民や高度技能移民が集まる地域。それぞれの文脈に応じて、不平等のかたちはさまざまであり、その事情によって人種をどう考慮するかも異なるはずである。アファーマティブ・アクションの土台となった統計的な数値は、歴史的・地域的な文脈を可視化する手段としても有効であろう。

しかし、差別是正の取り組みのなかで「クオータ」や「数値目標」における数字が、文脈を離れて自己目的化されるようになった。企業や大学も、不平等の文脈を丁寧に掘り起こす努力よりも、その数値目標を満たすことに注力するようになった。それは、クオータが否定され、多様性を掲げた時代のアファーマティブ・アクションでも同様であった。AA廃止後のカリフォルニア大学などで導入されたアウトリーチ活動や地域的文脈における入学適格性（ELC）の考え方は、地域的な文脈に個人を位置づけて把握しようとするものであり、そのような発想は、今後の人種平等のための取り組みの基本的前提となるべきだろう。

インターセクショナルな入学者選抜

第二に、人種という属性を特権的に重要なものとするのではなく、階級、ジェンダー、セクシュアリティなどのほかの属性と交差するものと考えるインターセクショナリティ（交差性）によるアプローチも重要である。インターセクショナリティは、BLM運動をはじめ近年の反人種主義的な社会運動の基本的な視座となっている。一人一人が直面する不利や有利は、人種だけでなく、他の属性も絡まりあって作られている。大学においても、複数の属性が交差する状況を念頭に置いた選抜方法が求められる。そのような選抜の一つとして、高校のレベルに関係なく一定の成績上位者を受け入れるパーセンテージ・プランが挙げられる。これは、貧困地区に住む高校生の教育機会の拡大に結びつきやすく、階級的な背景によって不利な立場にいる志願者をすくい上げることができる。

さらにインターセクショナルな選抜のために求められるのは、成績だけでなく個人の多様な属性や活動を考慮する「全体的審査」という方法を再定義することである。たしかに、全体的審査は、アジア系に対する「テストなどの客観的評価に優れているが人物面で劣る」という偏見の影響を受けやすく、SFFA判決では「人種によって合否を決める」「差別の温床」と見なされた。しかし、特定の属性を特権化せずに複数の要素を考慮する全体的審査は、非白人女性や性的マイノリティのような、それぞれの人種集団内でも不利や抑圧を経験してきた人物像を評価することも可能である。

パーセンテージ・プランによって社会経済的に不利な志願者をすくい上げ、全体的審査によって不利が複雑に絡み合う状況を解きほぐすことで、志願者が大学で成長できる潜在能力を判断すること。インターセクショナリティを反映した選抜は、不平等への介入としても有力な選択肢となるであろう。

差別是正による多様性の実現

第三に、二一世紀のアファーマティブ・アクションが追求してきた「多様性」というミッションの再定義も必要になるだろう。AAをめぐる議論は、バッキ判決において「社会全体としての差別の是正」に代えて「多様な学生集団の実現」のための政策と再定義して以来、両者を共存しえないものであるかのように扱ってきた。そして、DEIなどの取り組みに代表される現代の多様性施策は、多様な要素が全体のパフォーマンスにもたらす貢献に焦点が当たる傾向があり、多様性を構成する各要素がどのような歴史的な不平等のもとにあるのかという問いは後景に退けられてしまう。

しかし、現代の多様性もまた、人種主義、植民地主義、家父長制、異性愛主義、資本主義にもとづく差別や不平等によって作られたものである。多様性を構成するものの多くは、ある時期に急に「増えた」のではなく、歴史のなかで不可視化されてきたものが顕在化し、社会的課題として認識されるようになったものである。エリート大学の学生や企業経営者の多数が白人男性であったのは、アメリカに白人男性しか存在しなかったからではなく、女性や黒人が排除されてきたからである。そして、新たな移民や外国人がもたらす多様性も、そのような既存の不平等構造に新たな不均衡を組み込み、さらに複雑な不平等を作り出す。多様性というミッションは、差別是正を置き換えるものではない。多様性とは、差別是正を条件とすることでのみ成り立つものであり、それは、差別是正への積極的なアプローチ抜きには実現しない。

人種平等のために

以上の三つの基本的視座は、アファーマティブ・アクションを復活させるだけで実現するものではないだろう。そもそも、多様な人びとが組み込まれた複雑な問題を解決する単一の政策があると考えることが間違っているのかもしれない。現代アメリカの不平等は、人種、階級、ジェンダー、セクシュアリティなどの属性が絡まりあうインターセクショナルな性質を持っている。このような不平等にアプローチするためには、まずは、それぞれの文脈のなかで人びとがよりよく生きる環境を作るための取り組みを積み重ねることが必要だろう。そして、それぞれの取り組みを相互に結びつけるような総合的な福祉政策のビジョンとパッケージが不可欠である。

ただ、本書を最初から最後まで読んできた読者は、この提案に「スタート地点に戻った」

という印象を持つかもしれない。そもそも、「偉大な社会」という総合的な福祉政策が困難な状況から、低コストの人種政策としてアファーマティブ・アクションが導入されたのではなかったか。その歴史的過程を考えれば、不平等克服のための総合的な福祉政策を求めるアジェンダは、理想的ではあるが非現実的な「絵に描いた餅」に見えるかもしれない。

しかしながら、その理想を離れて、制度存続のために多様性という別の理想に依拠してきた結果が、今日のアファーマティブ・アクション廃止であった。BLM運動を通して、再び不平等が可視化され、その問題関心を多くの人が共有した現在、たとえ「絵に描いた餅」であったとしても、制度的な人種不平等に挑戦するというミッションを簡単に放棄することはできない。序章で議論した「なぜAAが必要だったのか」という問題関心に立ちかえりながら、現在ある政治的・経済的・社会的な資源のなかで「何ができるのか」を考えること。AA以後の時代においても、議論の出発点は変わらない。

アメリカにおけるアファーマティブ・アクションの歴史は、人種平等のための試行錯誤の歴史である。そこから学び、次世代の平等のための「積極的な措置」をどのように描くのか。バトンは現代を生きる私たちに託されている。

おわりに

本書の最後で、「バトンは現代を生きる私たちに託されている」と書いた。この「私たち」には、日本で本書を手にとってくれた読者など、アメリカ合衆国から離れた社会を生きる人たちも含まれている。本書は、海の向こうで起きている政策論争を扱ったものであるが、人種などの属性にもとづく不平等が組み込まれた社会はアメリカだけではない。日本も、その例外ではないのは当然のことだろう。

「はじめに」でも述べたように、日本社会でもアファーマティブ・アクションはしばしば議論となっている。男性中心であった分野への女性進出のための措置、海外ルーツの子どもへの進学や就職支援など、女性やマイノリティの機会拡大を推進する措置は一部で始まっている。また、企業は「ダイバーシティ&インクルージョン（D&I）」を掲げた部局を設置し、多様な働き方、多様性を考慮した職場環境の構築、ハラスメント対策などを推進している。障害者への合理的配慮にもとづく措置も、その一つである。

日本でも、これらの取り組みに対する異論や反発はめずらしくない。「逆差別」という言葉は、すでに日本でも広く流通し、女性・マイノリティ支援やD&Iの取り組みへの「違和感」を表明するものとして定着している。二〇二三年六月のアメリカにおける違憲判決を経て、アファーマティブ・アクションを廃止見込みの「時代遅れの」「差別的な」政策と見なす議論は、日本国内でも見られる。

一方で、アファーマティブ・アクションを含む差別是正措置において、アメリカは決して世界の「最先端」ではない。一九六〇年代にアメリカ連邦政府がAAを導入したとき、それは世界でも先進的な取り組みであったが、その後、厳しい制約が課せられるようになった。AAを縮小させてきたアメリカに対して、政府が、積極的に差別の是正や多様な文化の保持に取り組んでいる国もある。

その代表例が、カナダであろう。カナダ憲法は、人種や性別などによって「不利な個人や集団の状況を改善するため」の取り組みが「逆差別」に当たらないことを明言している。憲法による保障を得て、カナダでは、安定した法的基盤のもとで、先住民、人種マイノリティ、女性、障害者に対する差別是正措置が実施されている。カナダは、言語権（自ら望む言語を使う権利）の保障や連邦政府によるマイノリティ文化の支援など、出身集団によって「異なる扱い」を含む政策が「多文化主義」という名のもとで制度化されている。

アメリカでは「差別的」として退けられるクオータを導入する国も多い。とくに、議会におけるジェンダー・バランスを達成するためのクオータは、世界で広く採用されている。二〇二四年二月段階での（列島議会同盟による）女性議員比率の世界ランキングでは、クオータ制度を利用するルワンダ（一位）、ニカラグア（三位）、メキシコ（四位）で、下院での女性議員比率が五〇％を超えている。クオータを採用しないアメリカは、下院での女性議員比率が二九・二％で世界七一位、日本では衆議院一〇・三％で世界一六四位である。クオータが政治参加における平等実現の鍵になっており、アメリカ国内でもその必要性が議論されるようになっている。

クオータ制度を含むアファーマティブ・アクションは、国際的な視野で見れば、差別や不平等にアプローチする有力な選択肢である。そのなかでAAを廃止させようとするアメリカの経験は、日本社会における不平等や差別をめぐる議論にどのような含意を持っているのだろうか。

まず、日本とアメリカのあいだのアファーマティブ・アクションを取り巻く制度的環境の違いをふまえることが必要である。合衆国憲法の修正一四条における「法の下の平等」と、その実現のための政府の役割を示した一九六四年公民権法の制定は、AA導入のもっとも重要な制度的土台であった。「積極的な措置」は、公民権法による体系的な目標設定と実施ルールが確定することで、本格的に始動した。公民権法の理念は、人種だけでなくジェンダーやセクシュアリティによる差別にも拡張され、反差別政策の法的基盤となっている。

もう一つの重要な制度的な土台が、人種統計による不平等の把握である。アファーマティブ・アクションは、統計によって示された人種集団間の雇用や教育における格差や不平等を是正するために始まった。一九七〇年代以降の多様性のためのAAにとっても、統計的な数値は、その成果を可視化する重要な指針であり続けている。

しかしながら、日本においてはいずれの制度的基盤も脆弱である。日本国憲法では、第一四条において「法の下の平等」と「差別の禁止」を掲げているが、その理念を実質的な制度に落とし込むための包括的な差別禁止法はいまだに成立していない。また、研究調査や自治体調査などで差別や格差の存在が指摘されているが、人種的・民族的なマイノリティについての公式統計がないため、構造的不平等のパターンを可視化することも難しい。

このような制度的な支えを欠いたアファーマティブ・アクションの実施は、どうしても不平等な構造を変えるための体系的な視野を欠いた、対症療法的なものとならざるをえない。制度的な観点から考えれば、日本のAAはスタートラインにすら立っていない。ヘイトスピーチを含む暴力、雇用や居住における差別、日本語を母語としない子どもが直面する教育での不利、同性カップルを排除する結婚制度など、人種や性に関わる問題への対応は、地域や自治体単位での対応が中心で、日本政府としての関与は消極的である。日本でＡＡを論じる際には、そのような「差別のない社会」のための制度的環境の違いがもたらす問題に意識的であるべきだろう。

日本では、制度的環境の不備にもかかわらず、「逆差別」や「行き過ぎ」への懸念が強調される奇妙な状況が見られる。本書を含む研究やメディアが、アメリカのアファーマティブ・アクションの問題点を先取りするかたちで、日本に伝えていることも、その一因かもしれない。もちろん、アメリカのＡＡは万能ではなく、さまざまな課題や問題も明らかになっている。

しかし、本書のねらいは、アファーマティブ・アクションという政策の問題点に警鐘を鳴らすことではない。本書が伝えたかったのは、マイノリティが声を上げ、専門家、行政官、政治家らが問題を是正するための政策や取り組みを模索し、それを司法が裏付けるという、アメリカの差別是正への取り組みがたどってきた試行錯誤の過程である。不平等や不正義があることを示し、そこに介入する方法を追求し、その方法の適切さについて議論を重ねること。その意義を、市民が納得できる言葉で説明し、結果として社会にどのような変化がもたらされたのかを検証し、よりよい取り組みを探すこと。繰り返すが、ＡＡの終わりは、人種平等のためのアクションの終わりではない。ＡＡ以後も続く人種平等のための奮闘や努力に、私たちが学ぶべきことは多くあるだろう。本書が、困難な状況でも試行錯誤を続けることの価値を伝えるものであってほしいと願っている。

＊

本書では、社会が抱え込んでしまった不平等という問題に、人びとがどのように向き合ってきたのかを考える素材として、アメリカのアファーマティブ・アクションをめぐる歴史を取り上げました。賛成・反対が議論の軸になりがちなテーマとしては、どちらの立場から読んでもすっきりしない内容であるかもしれません。しかし、私としては、異なる立場の言葉がぶつかりあうなかで、それでも着地点を探ろうとする過程にこそ、AA論争から学ぶべき部分があると思っています。その点でも、意見を異にする判事のあいだの対話を欠いたまま、数の論理のうちに決したSFFA判決は、残念な出来事でした。

中公新書編集部の田中正敏さん（現・月刊『中央公論』編集長）に併走いただいたことで、本書のコンセプトが明確になりました。新書というメディアで書くことの意味と、読者が納得できる言葉を模索することの大切さを教えていただいたことに、心から感謝します。また、田中さんを紹介いただいたアメリカ史研究者の佐藤千登勢さんにも謝意を表します。

本書の内容の多くは、これまでに発表した書籍や論文の内容をもとに、新たな資料やデータにもとづく考察を加えたものです。本書は、日本学術振興会科学研究費助成事業（課題番号18K01982、23K01784）の研究成果の一部です。

二〇二二年から所属している同志社大学大学院グローバル・スタディーズ研究科では、日々、アメリカや日本における人種、ジェンダー、セクシュアリティの不平等に関心を持つ大学院生や同僚と議論できる環境に恵まれています。また、同大学のアメリカ研究所や都市共生研究センターでは、国内外のさまざまな分野の研究者から学び、対話を重ねる機会を支えていただいています。大学を取り巻く厳しい情勢のなか、このような研究環境をいつも支えてくれる職員やスタッフのみなさんに深く感謝いたします。

二〇二四年四月

南川文里

American Behavioral Scientist 41 (7): 938-959.

Foley, Lauren S. 2023. *On the Basis of Race: How Higher Education Navigates Affirmative Action Policies*. New York: New York University Press.

Okechukwu, Amaka. 2019. *To Fulfill These Rights: Political Struggle Over Affirmative Action and Open Admission*. New York: Columbia University Press.

University of California, Office of the President, 2023, "University of California Admits Record Number of California Residents and Largest Class of Underrepresented Freshmen in System History for Fall 2023." August 8. https://www.universityofcalifornia.edu/press-room/university-california-admits-record-number-california-residents-and-largest-class (Retrieved on March 30, 2024)

おわりに

三浦まり, 衛藤幹子編. 2014.『ジェンダー・クオータ——世界の女性議員はなぜ増えたのか』明石書店.

矢口祐人. 2024.『なぜ東大は男だらけなのか』集英社新書.

IPU Parline, "Monthly Ranking of Women in National Parliaments," February 1, 2024. https://data.ipu.org/women-ranking (Retrieved on March 30, 2024)

Asian American Coalition for Education v. Yale University, Brown University, and Dartmouth College." May 23.

Harris, Adam. 2018. "The Harvard Case Is About the Future of Affirmative Action." *The Atlantic* October 15. https://www.theatlantic.com/education/archive/2018/10/harvards-affirmative-action-trial-gets-underway/572989/ (Retrieved on March 30, 2024)

Hsu, Hua. 2018. "The Rise and Fall of Affirmative Action," *New Yorker* October 8. https://www.newyorker.com/magazine/2018/10/15/the-rise-and-fall-of-affirmative-action (Retrieved on March 30, 2024)

Hirschman, Daniel, and Ellen Berrey. 2017. "The Partial Deinstitutionalization of Affirmative Action in U.S. Higher Education, 1988 to 2014." *Sociological Science* 4: 449-468.

Lee, Jennifer. 2021. "Asian Americans, Affirmative Action & the Rise in Anti-Asian Hate." *Dædalus* 150 (2): 180-198.

National Center for Education Statistics. 2023. Loans for Undergraduate Students and Debt for Bachelor's Degree Recipients. *Condition of Education*. U.S. Department of Education, Institute of Education Sciences. https://nces.ed.gov/programs/coe/indicator/cub (Retrieved on March 30, 2024)

Obama, Barak, and Michelle Obama. 2023. "Our Statements on the U.S. Supreme Court's Decision to Overturn Affirmative Action," June 30. https://barackobama.medium.com/our-statements-on-the-u-s-supreme-courts-decision-to-overturn-affirmative-action-2e161f52b5d1 (Retrieved on March 30, 2024)

Silvertein, Stuart. 2003. "Rice Considered a Centrist on Affirmative Action at Stanford." *Los Angeles Times*, January 25. https://www.latimes.com/archives/la-xpm-2003-jan-25-me-condi25-story.html (Retrieved on March 30, 2024)

Wong, Janelle, Jennifer Lee, and Van Tran. 2018. "Asian Americans' Attitudes toward Affirmative Action: Framing Matters." *AAPI Data Bits*. October 1. http://aapidata.com/blog/aa-attitudes-affirmative-action/ (Retrieved on March 30, 2024)

終　章

Douglass, John Aubrey. 1998. "Anatomy of Conflict: The Making and Unmaking of Affirmative Action at the University of California."

Edition. Washington D.C.: Brookings Institution Press.

Gurin, Patricia, Jeffrey S. Lehman, and Earl Lewis. 2004. *Defending Diversity: Affirmative Action at the University of Michigan*. Ann Arbor: University of Michigan Press.

Hartmann, Heidi. 1996. "Who Has Benefited from Affirmative Action in Employment?" George E. Curry ed. *The Affirmative Action Debate*. Cambridge: Perseus Publishing, 77-96.

Jardina, Ashley. 2019. *White Identity Politics*. Cambridge: Cambridge University Press.

Jones, Robert P., Daniel Cox, E.J. Dionne Jr., William A. Galston, Betsy Cooper, and Rachel Lienesch. 2016. "How Immigration and Concerns About Cultural Changes Are Shaping the 2016 Election: Findings from the 2016 PPRI/Brookings Immigration Survey." Washington D.C.: Public Religion Research Institute.

McAdam, Doug, and Karina Kloos. 2014. *Deeply Divided: Racial Politics and Social Movements in Postwar America*. Oxford: Oxford University Press.

Pew Research Center. 2007. "Trends in Political Values and Core Attitudes: 1987-2007, Political Landscape More Favorable to Democrats." March 22.

________. 2019. "Americans See Advantages and Challenges in Country's Growing Racial and Ethnic Diversity." May 8.

第5章

南川文里. 2022a.「アファーマティヴ・アクションはアジア系差別か？「公平な入試」論争とアメリカの人種秩序」『大原社会問題研究所雑誌』761: 36-48.

________. 2022b.「クオータはなぜ嫌われるのか——割当と平等をめぐるアメリカ現代史」兼子歩・貴堂嘉之編『「ヘイト」に抗するアメリカ史』彩流社: 207-225.

APPI Data. 2022. "State of Asian Americans, Native Hawaiians, and Pacific Islanders in the United States." June 1.

Arum, Richard, and Mitchell L. Stevens. 2023. "For Most College Students, Affirmative Action Was Never Enough." *New York Times* July 3. https://www.nytimes.com/interactive/2023/07/03/opinion/for-most-college-students-affirmative-action-was-not-enough.html (Retrieved on March 30, 2024)

Asian American Coalition for Education. 2016. "Complaint of the

国民——断絶する黒人と白人』明石書店.
吉岡宏祐. 2013.「現代アメリカ合衆国におけるアファーマティブ・アクション論争——住民提案の投票プロセスにおける比較分析」『国際文化研究』19: 131-144.
Chaves, Lydia. 1998. *The Color Bind: California's Battle to End Affirmative Action*. Berkeley: University of California Press.
Dillard, Angela D. 2001. *Guess Who's Coming to Dinner Now?: Multicultural Conservativism in America*. New York: New York University Press.
HoSang, Daniel Martinez. 2010. *Racial Propositions: Ballot Initiatives and the Making of Postwar California*. Berkeley: University of California Press.
Hunter, James D. 1991. *Culture Wars: The Struggle to Define America*. New York: Basic Books.
Pew Research Center. 2007. "Blacks See Growing Values Gap Between Poor and Middle Class." November 13.
________. 2009. "Public Backs Affirmative Action, But Not Minority Preferences." June 2. https://www.pewresearch.org/2009/06/02/public-backs-affirmative-action-but-not-minority-preferences/ (Retrieved on March 30, 2024)
Tolbert, Caroline, and Rodney E. Hero. 2001. "Dealing with Diversity: Racial/Ethnic Context and Social Policy Change." *Political Research Quarterly* 54 (3): 571-604.

第４章

ホックシールド, アーリー・R（布施由紀子訳）. 2018.『壁の向こうの住人たち——アメリカの右派を覆う怒りと嘆き』岩波書店.
金成隆一. 2017.『ルポ トランプ王国——もう一つのアメリカを行く』岩波新書.
渡辺靖. 2020.『白人ナショナリズム』中公新書.
Berrey, Ellen. 2015. *The Enigma of Diversity: The Language of Race and the Limits of Racial Justice*. Chicago: The University of Chicago Press.
Dobbin, Frank. 2009. *Inventing Equal Opportunity*. Princeton: Princeton University Press.
Frey, William H. 2018. *Diversity Explosion: How New Racial Demographics Are Remaking America, Revised and Updated*

History of Racial Inequality in Twentieth-Century America. New York: W.W. Norton.
Myrdal, Gunnar. 1944. *An American Dilemma: The Negro Problem and Modern Democracy*. New York: Harpers and Brothers.
Schickler, Eric. 2016. *Racial Realignment: The Transformation of American Liberalism, 1932-1965*. Princeton: Princeton University Press.
Skrentny, John D. 1996. *The Ironies of Affirmative Action: Politics, Culture, and Justice in America*. Chicago: University of Chicago Press.
________. 2002. *The Minority Rights Revolution*. Cambridge: The Belknap Press of Harvard University Press.

第2章

松井茂記. 2018.『アメリカ憲法入門［第8版］』有斐閣.
Glazer, Nathan. 1975. *Affirmative Discrimination: Ethnic Inequality and Public Policy*. New York: Basic Books.
________. 1983. *Ethnic Dilemmas 1964-1982*. Cambridge: Harvard University Press.
Gordon-Reed, Annette, ed. 2002. *Race on Trial: Law and Justice in American History*. Oxford: Oxford University Press.
Kurkland, Philip B., and Gerhard Casper ed., 1978. *Landmark Briefs and Arguments of the Supreme Court of the United States; Constitutional Law 1977 Term Supplement*. Vol. 99.
Schwartz, Bernard. 1988. *Behind Bakke: Affirmative Action and the Supreme Court*. New York: New York University Press.
Wilkinson III., J. Harvie. 1979. *From Brown to Bakke: The Supreme Court and School Integration: 1954-1978*. Oxford: Oxford University Press.

第3章

ウィルソン, ウィリアム・ジュリアス（青木秀男監訳）. 1999.『アメリカのアンダークラス——本当に不利な立場に置かれた人々』明石書店.
上坂昇. 2014.『アメリカの黒人保守思想』明石書店.
スティール, シェルビー（李隆訳）. 1997.『黒い憂鬱—— 90年代アメリカの新しい人種関係』五月書房.
ハッカー, アンドリュー（上坂昇訳）. 1994.『アメリカの二つの

時増刊号 総特集ブラック・ライヴズ・マター』青土社: 91-96.
Carmichael, Stokely and Charles V. Hamilton. 1967. *Black Power: The Politics of Liberation in America*, New York: Random House.
Haney-Lopez, Ian F. 2000. "Institutional Racism: Judicial Conduct and a New Theory of Racial Discrimination." *The Yale Law Journal* 109 (8): 1717-1884.
Omi, Michael and Howard Winant. 2015. *Racial Formation in the United States: Third Edition.* New York: Routledge.
Pew Research Center. 2023. "More Americans Disapprove Than Approve of Colleges Considering Race, Ethnicity in Admission Decision," June 8. https://www.pewresearch.org/politics/2023/06/08/more-americans-disapprove-than-approve-of-colleges-considering-race-ethnicity-in-admissions-decisions/ (Retrieved on March 30, 2024)
U.S. Census Bureau. 2022. "Income in the United States: 2021." Current Population Reports, P60-276, Washington DC: U.S. Government Printing Office.
________. 2023. Historical Poverty Tables: People and Families, 1959-2022. https://www.census.gov/data/tables/time-series/demo/income-poverty/historical-poverty-people.html (Retrieved on March 30, 2024)

第1章

北美幸. 2009.『半開きの〈黄金の扉〉――アメリカ・ユダヤ人と高等教育』法政大学出版局.
佐藤千登勢. 2021.『フランクリン・ローズヴェルト』中公新書.
中野耕太郎. 2019.『20世紀アメリカの夢――世紀転換期から1970年代 シリーズアメリカ合衆国史③』岩波新書.
フリーダン, ベティ（三浦冨美子訳). 2004.『新しい女性の創造（改訂版)』大和書房.
Chen, Anthony S. 2009. *The Fifth Freedom: Jobs, Politics, and Civil Rights in the United States, 1941-1972*. Princeton: Princeton University Press.
Graham, Hugh Davis. 1990. *The Civil Rights Era: Origins and Development of National Policy, 1960-1972*. New York: Oxford University Press.
Katznelson, Ira. 2005. *When Affirmative Action Was White: An Untold*

アファーマティブ・アクションに関する主要な判決
Griggs v. Duke Power Co., 401 U.S. 424 (1971)
DeFunis v. Odegaard, 416 U.S. 312 (1974)
McDonald v. Santa Fe Trail Transportation Company, 427 U.S. 273 (1976)
Regents of the University of California v. Bakke, 438 U.S. 265 (1978)
United Steelworkers of America, AFL-CIO-CLC v. Weber, 443 U.S. 193 (1979)
Johnson v. Transportation Agency, Santa Clara Cty, 480 U.S. 616 (1987)
City of Richmond v. J. A. Croson Company, 488 U.S. 469 (1989)
Hopwood v. Texas, 78 F.3d 932 (1996)
Gratz v. Bollinger, 539 U.S. 244 (2003)
Grutter v. Bollinger, 539 U.S. 306 (2003)
Fisher v. University of Texas, 579 U.S. 365 (2016)
Students for Fair Admissions v. President and Fellows of Harvard College, 600 U.S.___ (2023)

◎各章ごとの参考文献
はじめに
Cobb, Jelani, "The End of Affirmative Action," *The New Yorker*, June 29, 2023. https://www.newyorker.com/magazine/2023/07/10/the-end-of-affirmative-action (Retrieved on March 30, 2024)

序　章
キング, マーチン・ルーサー（中島和子・古川博巳訳）. 2000.『黒人はなぜ待てないか（新装版）』みすず書房.
黒﨑真. 2018.『マーティン・ルーサー・キング――非暴力の闘士』岩波新書.
サンデル, マイケル（鬼澤忍訳）. 2010.『これからの「正義」の話をしよう』早川書房.
竹沢泰子. 2023.『アメリカの人種主義――カテゴリー／アイデンティティの形成と転換』名古屋大学出版会.
中條献. 2004.『歴史のなかの人種――アメリカが創り出す差異と多様性』北樹出版.
中村隆之. 2020.『野蛮の言説――差別と排除の精神史』春陽堂書店.
南川文里. 2020.「制度から考える反人種主義」『現代思想 10 月臨

参考文献

◎本書の全体に関わる参考文献

アメリカにおけるアファーマティブ・アクションの歴史

川島正樹. 2014.『アファーマティヴ・アクションの行方――過去と未来に向き合うアメリカ』名古屋大学出版会.

ダグラス, ジョン・A（木村拓也監訳）. 2022.『衡平な大学入試を求めて――カリフォルニア大学とアファーマティブ・アクション』九州大学出版会.

南川文里. 2021.『未完の多文化主義――アメリカにおける人種、国家、多様性』東京大学出版会.

________. 2024 刊行予定.「最高裁は多様性の夢を見るか――アファーマティブ・アクション裁判による規範化とその帰結」『アメリカ史研究』47: 41-58.

安井倫子. 2016.『語られなかったアメリカ市民権運動史――アファーマティブ・アクションという切り札』大阪大学出版会.

Anderson, Terry H. 2004. *The Pursuit of Fairness: A History of Affirmative Action*. Oxford: Oxford University Press.

Pedrick, Karin Williamson, and Sandra Arnold Scham. 2018. *Inside Affirmative Action: The Executive Order That Transformed America's Workplace*. New York: Routledge.

Urofsky, Melvin I., 2020. *The Affirmative Action Puzzle*. New York: Skyhouse.

アファーマティブ・アクションをめぐる理論的・法的な議論

辻村みよ子. 2011.『ポジティヴ・アクション――「法による平等」の技法』岩波新書.

茂木洋平. 2022.『アファーマティブ・アクションの正当化と批判の憲法理論』尚学社.

吉田仁美. 2015.『平等権のパラドクス』ナカニシヤ出版.

ヤング, アイリス・マリオン（飯田文雄、苅田真司、田村哲樹監訳）. 2020.『正義と差異の政治』法政大学出版局.

Curry, George E. ed. 1996. *The Affirmative Action Debate*. Cambridge: Perseus Publishing

Kennedy, Randall. 2013. *For Discrimination: Race, Affirmative Action, and the Law*. New York: Vintage.

南川文里（みなみかわ・ふみのり）

1973年，愛知県生まれ．2001年，一橋大学大学院社会学研究科博士後期課程単位取得退学．06年，博士（社会学）取得．日本学術振興会特別研究員，神戸市外国語大学准教授，立命館大学教授などを経て，現在，同志社大学大学院グローバル・スタディーズ研究科教授．専門は，社会学，アメリカ研究（人種エスニシティ論，移民研究，多文化社会論）．

著書『「日系アメリカ人」の歴史社会学――エスニシティ、人種、ナショナリズム』（2007年，彩流社）
『未完の多文化主義――アメリカにおける人種、国家、多様性』（2021年，東京大学出版会，第38回大平正芳記念賞，第3回アメリカ学会中原伸之賞受賞）
『アメリカ多文化社会論［新版］――「多からなる一」の系譜と現在』（法律文化社，2022年）
など．

アファーマティブ・アクション
中公新書 *2811*

2024年7月25日発行

著　者　南川文里
発行者　安部順一

本文印刷　暁 印 刷
カバー印刷　大熊整美堂
製　本　小泉製本

発行所　中央公論新社
〒100-8152
東京都千代田区大手町1-7-1
電話　販売 03-5299-1730
　　　編集 03-5299-1830
URL https://www.chuko.co.jp/

Published by CHUOKORON-SHINSHA, INC.
Printed in Japan　ISBN978-4-12-102811-2 C1222

中公新書刊行のことば

いまからちょうど五世紀まえ、グーテンベルクが近代印刷術を発明したとき、書物の大量生産は潜在的可能性を獲得し、いまからちょうど一世紀まえ、世界のおもな文明国で義務教育制度が採用されたとき、書物の大量需要の潜在性が形成された。この二つの潜在性がはげしく現実化したのが現代である。

いまや、書物によって視野を拡大し、変りゆく世界に豊かに対応しようとする強い要求を私たちは抑えることができない。この要求にこたえる義務を、今日の書物は背負っている。だが、その義務は、たんに専門的知識の通俗化をはかることによって果たされるものでもなく、通俗的好奇心にうったえて、いたずらに発行部数の巨大さを誇ることによって果たされるものでもない。現代を真摯に生きようとする読者に、真に知るに価いする知識だけを選びだして提供すること、これが中公新書の最大の目標である。

私たちは、知識として錯覚しているものによってしばしば動かされ、裏切られる。私たちは、作為によってあたえられた知識のうえに生きることがあまりに多く、ゆるぎない事実を通して思索することがあまりにすくない。中公新書が、その一貫した特色として自らに課すものは、この事実のみの持つ無条件の説得力を発揮させることである。現代にあらたな意味を投げかけるべく待機している過去の歴史的事実もまた、中公新書によって数多く発掘されるであろう。

中公新書は、現代を自らの眼で見つめようとする、逞しい知的な読者の活力となることを欲している。

一九六二年一一月

中公新書

世界史

1045 物語 イタリアの歴史 藤沢道郎
1771 物語 イタリアの歴史 II 藤沢道郎
2595 ビザンツ帝国 中谷功治
2663 物語 イスタンブールの歴史 宮下 遼
2152 物語 近現代ギリシャの歴史 村田奈々子
2440 バルカン―「ヨーロッパの火薬庫」の歴史 M・マゾワー 井上廣美訳
1635 物語 スペインの歴史 岩根圀和
1750 物語 スペインの歴史 人物篇 岩根圀和
1564 物語 カタルーニャの歴史（増補版） 田澤 耕
2582 百年戦争 佐藤 猛
2658 物語 パリの歴史 福井憲彦
1963 物語 フランス革命 安達正勝
2286 マリー・アントワネット 安達正勝
2529 ナポレオン四代 野村啓介
2318
2319 物語 イギリスの歴史（上下） 君塚直隆

2696 物語 スコットランドの歴史 中村隆文
2167 イギリス帝国の歴史 秋田 茂
1916 ヴィクトリア女王 君塚直隆
1215 物語 アイルランドの歴史 波多野裕造
1420 物語 ドイツの歴史 阿部謹也
2766 オットー大帝―辺境の戦士から「神聖ローマ帝国」樹立者へ 三佐川亮宏
2801 神聖ローマ帝国 山本文彦
2304 ビスマルク 飯田洋介
2490 ヴィルヘルム2世 竹中 亨
2583 鉄道のドイツ史 鴋澤 歩
2546 物語 オーストリアの歴史 山之内克子
2434 物語 オランダの歴史 桜田美津夫
2279 物語 ベルギーの歴史 松尾秀哉
1838 物語 チェコの歴史 薩摩秀登
2445 物語 ポーランドの歴史 渡辺克義
1131 物語 北欧の歴史 武田龍夫
2456 物語 フィンランドの歴史 石野裕子

1758 物語 バルト三国の歴史 志摩園子
1655 物語 ウクライナの歴史 黒川祐次
1042 物語 アメリカの歴史 猿谷 要
2209 アメリカ黒人の歴史 上杉 忍
2623 古代マヤ文明 鈴木真太郎
1437 物語 ラテン・アメリカの歴史 増田義郎
1935 物語 メキシコの歴史 大垣貴志郎
2545 物語 ナイジェリアの歴史 島田周平
2741 物語 オーストラリアの歴史（新版） 竹田いさみ 永野隆行
1644 ハワイの歴史と文化 矢口祐人
2561 キリスト教と死 指 昭博
2442 海賊の世界史 桃井治郎
518 刑吏の社会史 阿部謹也

f3

政治・法律

社会・生活

中公新書

2484	社会学	加藤秀俊
1242	社会学講義	富永健一
1910	人口学への招待	河野稠果
2282	地方消滅	増田寛也編著
2333	地方消滅 創生戦略篇	増田寛也 冨山和彦
2715	縛られる日本人	メアリー・C・ブリントン 池村千秋訳
2794	流出する日本人―海外移住の光と影	大石奈々
2580	移民と日本社会	永吉希久子
2454	人口減少と社会保障	山崎史郎
2446	人口減少時代の土地問題	吉原祥子
2607	アジアの国民感情	園田茂人
1479	安心社会から信頼社会へ	山岸俊男
2322	仕事と家族	筒井淳也
2768	ジェンダー格差	牧野百恵
2737	不倫―実証分析が示す全貌	五十嵐彰 迫田さやか
2431	定年後	楠木新
2486	定年準備	楠木新
2577	定年後のお金	楠木新
2704	転身力	楠木新
2632	男が介護する	津止正敏
2488	ヤングケアラー―介護を担う子ども・若者の現実	澁谷智子
2809	NPOとは何か	宮垣元
2138	ソーシャル・キャピタル入門	稲葉陽二
2184	コミュニティデザインの時代	山崎亮
1537	不平等社会日本	佐藤俊樹
2489	リサイクルと世界経済	小島道一
2604	SDGs（持続可能な開発目標）	蟹江憲史